MUJERES

LOS PILARES DE MÉXICO

AARÓN
LARA
SÁNCHEZ

Mujeres los pilares de México
por Aarón Lara Sánchez

Edición especial para Signature Equipovisión
Copyright © 2017 Editorial RENUEVO

ISBN: 978-1-942991-64-9

Publicado por
Editorial RENUEVO

www.EditorialRenuevo.com
info@EditorialRenuevo.com

Índice onomástico

Dedico estas líneas a las mujeres de mi vida:

Mi abuela, Refugio Cervantes, que era un sol que a todos nos alumbró. A mi madre, Alicia Sánchez, cuya vida sacrificial tanto nos dio a sus hijos. Mis hermanas, Virginia y Alicia, que sin importar las distancias me son tan cercanas. A mi hija María, a quien tanto admiro; a Rebeca, mi dulce y hermosa nieta y, por supuesto a la mujer con quien comparto más que la vida, Teresa, que es mi avatar (mi resurrección, eso es lo que significa la palabra).

Ellas son los pilares de mi vida.

Prólogo

Una añosa canción infantil dice: «Doña Blanca está cubierta de pilares de oro y plata ... romperemos un pilar para ver a Doña Blanca». Se trata de la historia de una princesa encerrada en un hermoso y lujoso castillo, tan lo era que estaba construido de pilares de oro y de plata. El castillo protege a la bella princesa, pero su protección se vuelve cautiverio y por eso es necesario romper un pilar tan solo para verla. Traigo a colación el cuento ya que los pilares han representado siempre la firmeza, la seguridad, la estabilidad, la protección, la fortaleza.

Solo los ricos podían pagar una construcción con pilares. La mayoría de la gente vivía en casas de madera o tal vez de lodo mezclado con paja (adobes, les decimos en México). Un pilar normalmente está hecho de piedra o de concreto y tiene una fuerza descomunal para soportar uno o más pisos sobre la primera planta.

Había muchos tipos de pilares: cuadrados, rectangulares o poligonales (cuando son redondos se llaman columnas), y muchos de ellos eran bellamente decorados, aunque originalmente un pilar se construía sin mayores alardes estéticos, pues su función no era propiamente embellecer, sino proteger, sostener, dar seguridad. Es en eso, fundamentalmente, en lo que un pilar es un reflejo de lo que una mujer es.

Sin lugar a dudas, las mujeres son pilares de México y me parece tan acertada la alegoría porque ciertamente ellas son las que le dan sostén a la casa, quiero decir a la familia. Claro que decimos que, en la mayoría de los casos, el sostén de la familia (el que pone el dinero, el que cubre los gastos, el que aporta los recursos), es el padre, el varón. Sin embargo, la mujer es quien administra los recursos, quien los hace rendir, quien les da uso, sentido y destino.

Ciertamente la mujer muchas veces trabaja más que el hombre y, a pesar de eso, su trabajo no necesariamente es remunerado; con todo, lo realiza con amor, devoción y hasta abnegadamente. La mujer es, además, la consejera, la primera receptora de las risas o el llanto de la familia. La mujer es la que cura, la que consuela, la que enseña.

La trascendencia de la mujer es tan profunda en una familia, que deja huellas indelebles en el corazón de cada uno de sus miembros: las mujeres se convierten en el eje en torno al cual todo gira. Por todo esto, resulta sencillo entender el por qué de la frase: «Mujeres, pilares de México».

Recientemente, la sociedad está sufriendo un cambio de paradigmas donde el papel femenino ha pasado a tener una hiperactividad que no le era conocida. Las mujeres hoy día, además de la atención a la familia, salen a trabajar, por lo que han reducido el tiempo en casa para combinarlo con actividades profesionales. Las mujeres, además, han tenido acceso a la educación, de manera que, en la matrícula de las universidades, el porcentaje de mujeres es superior al de los varones y, por supuesto, se gradúan también en un porcentaje mayor.

Esta capacidad de aprender y desarrollarse en empleos profesionales no siempre se refleja en la igualdad de salarios o de oportunidades, a pesar de lo cual, la mujer sigue compitiendo, y cada vez con mayor éxito, en la empresa, el comercio, las ciencias, la política y casi cualquier otra actividad.

Este fenómeno incide también en el incremento del número de familias que son lideradas por mujeres (el Instituto Nacional de Estadística, Geografía e Informática, INEGI, le ha llamado «unifamilias», y se contabiliza que hasta en un 24% de las familias en el país no hay presencia paterna, sino que las dirige una mujer: son las madres solteras). Ellas trabajan y atienden a su familia y lo hacen con valentía y, por cierto, con amor y dedicación.

Hace poco, en un viaje a Ciudad Juárez, escuché una historia que contó mi querida amiga Nadia Martínez Dupotex sobre su abuela. Nadia era hija de una de estas madres solteras de las que hablo, quien al salir a trabajar dejaba al encargo de su madre a su pequeña hija. La abuelita era una mujer intrépida. Se levantaba muy de mañana a lavar, limpiaba las jaulas de los canarios que le regocijaban las mañanas con sus cantos, preparaba el desayuno y levantaba a Nadia para que se aseara, comiera y fuera a la escuela.

Mientras la niña estaba en el colegio, la abuelita iba a trabajar y se ocupaba mayormente en hacer obra social. Ayudaba a los vecinos con sus problemas, les aconsejaba en sus trámites y hasta los llevaba a mítines, porque tenía esa vena libertaria de la solidaridad civil. Un día que la abuela esperaba a Nadia, que ya salía de la escuela, uno de sus compañeritos, con gran asombro, le preguntó a la niña: «Oye, Nadia, ¿qué le pasó a tu abuelita?» Solo entonces la pequeña se dio cuenta que su abuela ¡no tenía un brazo!

Así es, la abuelita de Nadia tenía una afección que impidió que su brazo izquierdo se desarrollara completamente, solo tenía un muñón coronado por una pequeña manita que le llegaba a la altura del codo. Nadia jamás se había percatado de la discapacidad de su abuelita, pues era un dínamo que nunca se limitó o cayó en la autocompasión. Su más grande virtud era el trabajo y el servicio a los demás. Mujeres así, son pilares de México.

Las biografías que te ofrecemos en el presente volumen tratan de mujeres que en la historia de México han dejado una honda huella por su heroísmo y vocación de servicio, incluso hasta el sacrificio. Estas mujeres son poco recordadas, pues aun si sus nombres son conocidos, casi no sabemos qué hicieron y por qué se les reconoce.

Hay una frase célebre de un sabio oriental, el rey Salomón: «Muchas mujeres hicieron el bien, pero tú las sobrepasas a todas». Las historias que vamos a leer describen a mujeres a quienes podemos aplicar la frase de Salomón sin menoscabo alguno. Se distinguieron entre las mujeres y los hombres de su generación. Muchas de estas historias parecen fantásticas, de ficción, sin embargo son de la vida real; nos conmueven y desafían, dejándonos un ejemplo digno de imitar.

Dedico a las mujeres de hoy y mañana una brevísima reseña de las mujeres de ayer que, en condiciones mucho más adversas que las que vivimos hoy en el siglo XXI, realizaron hazañas basadas en un inmenso amor a la causa que nos une a todos: México.

Todo ser humano es «nacido de mujer». Ese atributo divino, la maternidad, que poseen las mujeres y que hacen posible el milagro de la vida, es por sí mismo algo tan extraordinario que tan solo por eso, las mujeres ya deberían ser reconocidas y respetadas. Además son creativas, valientes, de firmes convicciones y poseen tantas otras cualidades, que con justicia decimos: ¡Mujeres, los Pilares de México!

Aarón Lara Sánchez

Introducción

Este esfuerzo editorial habla de eso, de mujeres que amaron a México con todo su corazón y nos legaron historias de amor y sacrificio, de entereza y liderazgo que sorprendieron a sus contemporáneos tal como ahora lo siguen haciendo las mujeres a las generaciones presentes, y por eso, porque sus historias merecen ser recordadas es que nos complace hablarles de diez mujeres extraordinarias.

Mujeres como Sor Juana Inés de la Cruz, la vehemente prueba de la intelectualidad femenina; Josefa Ortiz de Domínguez, madre de 12 hijos y merecidamente también llamada «madre de la patria»; Mariana Rodríguez del Toro de Lazarín, iniciadora de la independencia y quien murió el mismo año (aunque unos meses antes), en que se consumó, por lo que no logró ver el resultado de sus sacrificios; Antonia Nava Celestina, que entregó a la patria lo más importante que una mujer tiene: sus hijos.

Leona Vicario, la primera mujer periodista de México y un ejemplo de valentía entre los insurgentes; Margarita Maza de Juárez, si la frase es cierta, y lo es, en nadie encaja mejor que en ella que «en el trazo de todo gran hombre, está la huella de una gran mujer»; Matilde Petra Montoya Lafragua, contra todos los pronósticos la primer mujer médico que hubo en México; Carmen Serdán, mística sobreviviente revolucionaria; Amalia González Caballero de Castillo Ledón, primera embajadora mexicana y la mujer que logró el voto para las mujeres en nuestro país; y Eva Sámano Bishop de López Mateos, quizá la primera dama con más dignidad en la historia reciente de la nación.

Las mujeres de estas historias son tan similares a las mujeres de Equipovisión. Aunque pueden parecer personas comunes y corrientes, en realidad son verdaderas heroínas que hacen de un sencillo guisado, un banquete; mujeres que de unos pantalones remendados, hacen una prenda de colección; que de la sencillez de su hogar, hacen un palacio, y un lugar de ensueño; que apoyan a su marido como la ayuda idónea que son; y que hacen negocio, no sólo por los beneficios que conlleva, sino para inspirar a quienes las rodean a ser campeones. No es cosa de magia, es cosa de mujeres.

Sin duda se verán reflejadas en estas historias, más aún muchas emularán esas hazañas y otras, hasta las superarán cuando escriban las páginas de la historia que les toca vivir. Sin duda lo mejor está por venir, y tu ejemplo de esfuerzo y trabajo será el factor de cambio que inspire a cientos, a miles. Por eso el propósito de la organización es alcanzable: ¡vamos por el millón! Y no importa las distancias, en un mundo globalizado y con la conexión que hoy disfrutamos, las fronteras ya no existen, solo las que nos queramos imponer.

Nada hay que nos pueda detener. Si sabemos quiénes somos, qué queremos y cómo lograrlo, entonces tenemos la capacidad de cambiar al mundo. Si queremos construir un futuro mejor, sin duda la participación de las mujeres será crucial, porque ellas han sido y son los pilares de México.

JUANA INÉS
DE ASBAJE Y RAMÍREZ

(1651-1695)

Mujeres los pilares de México

Entre las mujeres, pilares de México, Juana Inés de Asbaje y Ramírez de Santillana, mejor conocida como **Sor Juana Inés de la Cruz**, ocupa un lugar preponderante. Vivió en una época en que las mujeres no tenían más destino que el matrimonio o el convento, y en ambos, se nulificaba cualquier posibilidad de opinar y, por supuesto, de disentir, pero ella se atrevió. Es la mayor figura de las letras hispanoamericanas del siglo XVII, dueña de una profunda originalidad, curiosidad intelectual e independencia de pensamiento.

Fue hija ilegítima, lo cual hubiera podido suponer un obstáculo infranqueable en esa época tan prejuiciosa.

Nació en 1651, pero tenía un destino especial, y lo cumplió. Niña prodigio, aprendió a leer y escribir a los tres años. A los ocho escribió su primera obra, y no menor: una loa al Santísimo Sacramento. Tenía un hambre inagotable de aprendizaje. Su abuelo poseía una espléndida biblioteca que Juana Inés leyó y releyó hasta casi memorizar varios de sus libros.

Admirada por su talento y precocidad, con tan sólo catorce años de edad fue elegida como dama de honor de Leonor Carreto, esposa del virrey Antonio Sebastián de Toledo. Brilló en la corte virreinal de la Nueva España por su erudición, su viva inteligencia y su habilidad para escribir en verso. Aprendió latín en solo 20 lecciones y llegó a dominar esa lengua con

Admirada por su talento y precocidad

absoluta maestría. Se cuenta que, por instrucciones del virrey, un grupo de sabios humanistas la evaluaron, y la joven aprobó el examen con excelencia. Su cultura, enciclopédica, era vastísima.

Pese a la fama de que gozaba, en 1667 ingresó en el

convento de las Carmelitas Descalzas de Santa Teresa la Antigua (a un costado de la Catedral Metropolitana), en el que apenas soportó cuatro meses dada la rigidez de la orden, y terminó enfermando gravemente. Dos años más tarde entró en el convento de la Orden de San Jerónimo (sobre la actual avenida Izazaga), más flexible en sus reglas. Allí permaneció el resto de sus días. Muchos aducen su decisión de enclaustrarse a una decepción amorosa, pues era una joven hermosa, de gran éxito y asediada por varios pretendientes. Al parecer, Sor Juana prefirió el convento al matrimonio para seguir gozando de sus aficiones intelectuales: «Vivir sola ... no tener ocupación alguna obligatoria que embarazase la libertad de mi estudio, ni rumor de comunidad que impidiese el sosegado silencio de mis libros», escribió.

El convento se convirtió en punto de reunión de poetas e intelectuales y también del nuevo virrey, Tomás Antonio de la Cerda, marqués de la Laguna, y de su esposa, Luisa Manrique de Lara, condesa de Paredes, con quien le unió una profunda amistad. Sor Juana reunió una nutrida biblioteca (más de cuatro mil ejemplares), compuso obras musicales y escribió una extensa obra que abarcó diferentes géneros, desde la poesía y el teatro, hasta opúsculos filosóficos y estudios diversos.

Los problemas de Sor Juana comenzaron a causa de su confesor, el jesuita Antonio Núñez de Miranda, quien le reprochaba por ocuparse tanto de temas mundanos, así como por su frecuente contacto con las más altas personalidades de la época. Sor Juana, bajo la protección de la marquesa de la Laguna, decidió rechazarlo como confesor, lo que con el tiempo le traería tremendas consecuencias (aunque años después se reconciliaría con él, aceptando nuevamente su cobertura espiritual). Lo cierto es que durante la época de ese distanciamiento es cuando la producción literaria de la poetisa alcanzó grandes cimas.

Escribió versos sacros y profanos, severamente criticados por el clero, pero muy celebrados por el público; villancicos para festividades religiosas que, por cierto, le eran pagados a muy buen precio, autos sacramentales y comedias.

En plena madurez literaria se vio involucrada en una disputa teológica al criticar un sermón del muy conocido predicador jesuita Antonio Vieira. El sermón en cuestión había sido escrito diez años antes (1650), Sor Juana lo había escuchado y estudiado, de modo que realizó una serie de cuestionamientos de gran profundidad teológica en un escrito que llevaba como título «Crisis de un sermón».

Un año después, el obispo de Puebla, Manuel Fernández de Santa Cruz publicó el documento bajo el título de «Carta Atenagórica, palabra complicada que significa "de la sabiduría de Atenea". Esto implicaba que consideraba la obra, es decir la crítica de Sor Juana, como fruto de una sabiduría pagana. Él mismo la prologó con el seudónimo de Sor Filotea de la Cruz, recomendando a Sor Juana que dejara de dedicarse a *las humanas letras y se dedicase en cambio a las divinas, de las cuales*—según el obispo—*sacaría mayor provecho.*

La poetisa contestó en una larga misiva autobiográfica que tituló *Respuesta a Sor Filotea de la Cruz*, donde hace una encendida defensa de su labor intelectual y en la que reclamaba los derechos de la mujer a la educación y a la posibilidad de criticar e incluso, como en este caso, a impugnar un sermón. Sin duda se trata de la primera oposición de una mujer a la cultura machista (no sólo de ese tiempo, sino de todos los tiempos), y en defensa de lo que hoy llamaríamos feminismo, término que en esa época, por supuesto, no tenía siquiera la mínima posibilidad de ser entendido.

La respuesta fue violentísima; incluso, fue examinada por el Santo Oficio. Jamás nunca una mujer, y menos una monja, había desafiado el concepto de opinar diferente, de disentir, de objetar. Quizá lo más complejo de aceptar para esa sociedad misógina era que no tenían argumentos para enfrentar el razonamiento lógico, teológico y moral del alegato de esta valiente mujer.

Es complejo entender lo que pasó. Los historiadores no han podido darnos una razón contundente al proceder de Sor Juana, sólo se sabe que, no obstante la fuerza de sus argumentos, ella decidió someterse. Algunos suponen que la disminución de su actividad literaria se debió a una mayor dedicación a las cuestiones espirituales y una entrega mística a Jesucristo —sobre todo a partir de la renovación de sus votos religiosos en 1694— o bien a la reconciliación con su confesor, lo que la llevaría a tomar la decisión de concentrarse en una vida de mayor contemplación.

Otros, en cambio, adivinan una conspiración tramada en su contra, tras la cual fue condenada a dejar de escribir y se le obligó a cumplir lo que las autoridades eclesiásticas consideraban «las tareas apropiadas de una monja». No hay datos concluyentes, pero es claro que, tras la polémica que causó el enfrentamiento teológico, la monja se marginó. Su propia penitencia queda expresada en la firma que estampó en el libro del convento y que se ha convertido en una de sus frases más célebres: «Yo, la peor del mundo».

Entregó para su venta los cuatro mil volúmenes de su biblioteca («quita pesares», como la llamaba), sus útiles científicos e instrumentos musicales, para dedicar el producto de ellos a fines piadosos.

A principios de 1695 se desató una epidemia por toda la ciudad. En el Convento de San Jerónimo, de cada diez religiosas enfermas, nueve morían. El 17 de febrero falleció su confesor Núñez de Miranda.

Sor Juana, también enferma, colaboraba cuidando a las monjas contagiadas. A las cuatro de la mañana del 17 de abril, cuando tenía sólo cuarenta y tres años, murió Juana Inés de Asbaje y Ramírez.

En la última etapa de su creación poética es cuando escribe la famosa rendondilla que incluye el verso «Hombres necios que acusáis a la mujer sin razón...», sin duda una de las expresiones máximas de la reivindicación de la mujer de todos los tiempos. Es una declaración universal.

Octavio Paz señala en su libro, *Sor Juana Inés de la Cruz o Las Trampas de la Fe*: «El poema fue una ruptura histórica y un comienzo, por primera vez en la historia de nuestra literatura una mujer habla en nombre propio, defiende a su sexo y, gracias a su inteligencia, usando las mismas armas que sus detractores, acusa a los hombres de los mismos vicios que ellos achacan a las mujeres. En esto Sor Juana se adelanta a su tiempo: No hay nada parecido, en el siglo XVII, en la literatura femenina de Francia, Italia e Inglaterra.»

Reproducimos la redondilla completa que, por cierto, lleva como título el origen de su alegato: Su reproche a la hipocresía masculina:

Arguye de inconsecuentes el gusto y la censura de los hombres que en las mujeres acusan lo que causan

Hombres necios que acusáis
a la mujer sin razón,
sin ver que sois la ocasión
de lo mismo que culpáis:
si con ansia sin igual
solicitáis su desdén,
¿por qué queréis que obren bien
si las incitáis al mal?

*

28

Combatís su resistencia,
y luego con gravedad
decís que fue liviandad
lo que hizo la diligencia.

*

Queréis con presunción necia
hallar a la que buscáis,
para pretendida, Tais,
y en la posesión, Lucrecia.

*

¿Qué humor puede ser más raro
que el que falta de consejo,
él mismo empaña el espejo
y siente que no esté claro?
Con el favor y el desdén
tenéis condición igual,
quejándoos, si os tratan mal,
burlándoos, si os quieren bien.

*

Opinión ninguna gana,
pues la que más se recata
si no os admite, es ingrata
y si os admite, es liviana.

Siempre tan necios andáis
que con desigual nivel
a una culpáis por cruel
y a otra por fácil culpáis.

*

¿Pues cómo ha de estar templada
la que vuestro amor pretende,
si la que es ingrata ofende
y la que es fácil enfada?

Mas entre el enfado y pena
que vuestro gusto refiere,
bien haya la que no os quiere
y quejaos enhorabuena.
*

Dan vuestras amantes penas
a sus libertades alas,
y después de hacerlas malas
las queréis hallar muy buenas.

¿Cuál mayor culpa ha tenido
en una pasión errada,
la que cae de rogada
o el que ruega de caído?
*

¿O cuál es más de culpar,
aunque cualquiera mal haga:
la que peca por la paga
o el que paga por pecar?

Pues ¿para qué os espantáis
de la culpa que tenéis?
Queredlas cual las hacéis
o hacedlas cual las buscáis.
*

Dejad de solicitar
y después con más razón
acusaréis la afición
de la que os fuere a rogar.

Bien con muchas armas fundo
que lidia vuestra arrogancia,
pues en promesa e instancia
juntáis diablo, carne y mundo.

Sor Juana Inés de la Cruz ha merecido varios títulos, uno de ellos es *Décima musa*. Esto en razón de que en la mitología griega había 9 musas, todas dedicadas a las artes. A Sor Juana, por su erudición, la calificaron como la décima. También le llamaron el *Fénix de América*, pues a pesar de morir en el fuego de su pasión, resurgía de sus propias cenizas con mayor grandeza. La excepcionalidad de esta extraordinaria mujer la suma a todas aquéllas que son pilares de México.

La excepcionalidad de esta extraordinaria mujer, sin embargo, fue abruptamente detenida. Decidió (o la obligaron), a dejar de escribir, a dejar de soñar. No dejes que nadie arrebate tus sueños. El tiempo que le tocó vivir a Sor Juana fue, sin duda, un factor para que ella decidiera doblegarse, lo mismo que la cultura y su condición religiosa, pero tu emancipación depende de ti. Debes luchar porque, por ejemplo, tu calidad de mujer muchas veces es menospreciada, sin embargo recuerda: tu eres valiosa, única y especial.

No dejes que nadie arrebate tus sueños

Otro factor puede ser tu extranjería. El hecho de que seas migrante puede parecer una desventaja, pero en realidad es una fortaleza. Entre varias razones, por tu capacidad de adaptación, porque sabes que no tienes otro remedio que luchar, y porque tienes una razón para hacerlo. Nunca cometas el error de calificarte como lo hizo Sor Juan «yo la peor del mundo», todo lo contrario, debes decirte a ti misma: «Yo soy el pilar de mi familia—yo soy el pilar de México».

JOSEFA ORTIZ
DE DOMÍNGUEZ
(1768-1829)

Mujeres los pilares de México

Nuestra famosa heroína **Doña Josefa Ortiz de Domínguez**, cuyo nombre completo era María Josefa Crescencia Ortiz Téllez-Girón, es más conocida en la historia como *la Corregidora,* por ser esposa de don Miguel Domínguez quien era corregidor (el equivalente a «gobernador» en la época actual) en la ciudad de Querétaro.

Josefa nació en Valladolid, hoy la ciudad de Morelia, en Michoacán, el 8 de septiembre de 1768. Su padre era militar, el capitán don Pedro Ortiz, y su madre pertenecía a la nobleza española, doña Manuela Téllez-Girón y Calderón. Ambos murieron muy jóvenes, por lo que

Josefa tuvo que ser enviada a un prestigioso internado para señoritas huérfanas, que ya desde esa época era muy renombrado: El Colegio de las Vizcaínas.

El nombre del colegio realmente era Real Colegio de San Ignacio de Loyola y fue fundado por tres vascos residentes en la Nueva España (de hecho, las calles aledañas llevan hoy día sus nombres: Francisco de Echeveste, Manuel Aldaco y Ambrosio de Meave). Estos caballeros dispusieron una dote para que las viudas y huérfanas de vascos en México pudieran tener un lugar donde refugiarse (de allí el nombre de vizcaínas), por lo que mandaron construir en el siglo XVIII el magnífico edificio que aun se conserva casi intacto en la zona sur del Centro Histórico de la Ciudad de México (en aquel tiempo era la orilla de la ciudad) y al que desde entonces se conoce como el Colegio de las Vizcaínas.

Doña Josefa se dio el tiempo para ser esposa

Por cierto que esta escuela ha mantenido hasta hoy su misión y organización originales y es, junto con el

Hospital de Jesús (éste más antiguo aun, pues data del siglo XVI), de las instituciones de la época colonial que han funcionado de manera ininterrumpida en México. Una curiosidad adicional es que una de sus alumnas fue la famosa actriz del cine mexicano, doña Sara García.

En 1790, el Colegio fue engalanado para recibir la visita de altos funcionarios del gobierno virreinal, entre ellos venía el joven abogado don Miguel Domínguez, quien se enamoró de Josefa «a primera vista». Él ya era viudo y tenía dos hijos. Pidió permiso para visitar a la joven Josefa y se casaron el 23 de enero de 1791, a pocos meses de haberse conocido. La boda fue en el Sagrario de la Catedral de la Ciudad de México. A lo largo de su matrimonio, que concluye con su muerte en 1829, procrearían 12 hijos.

Doña Josefa se dio el tiempo para ser esposa, madre de 12 hijos (más los dos que ya tenía su esposo), dirigir su hogar, desempeñar las funciones de corregidora en múltiples obras de asistencia, especialmente con niños indígenas, anfitriona de tertulias literarias que condujeron a la conspiración que daría lugar al movimiento insurgente y a la postre, al proceso del inicio de la independencia de México. Una mujer audaz, por supuesto valiente, y con una gran pasión que la hace, como a otras extraordinarias mujeres, una pilar de México.

En 1802 Miguel Domínguez fue nombrado por el virrey al cargo de corregidor de la ciudad de Santiago de Querétaro. Doña Josefa, que era criolla, se identificaba con el abuso sufrido por dicha comunidad por parte de los españoles nacidos en la península. Los criollos eran considerados como ciudadanos de segunda clase por el régimen colonial, en virtud de haber nacido en la Nueva España (una colonia) y no en la metrópoli. Por ello eran relegados a puestos de segundo nivel en la administración pública del virreinato. Este hecho creó un gran descontento con el paso de los años y los criollos comenzaron a organizarse en grupos literarios donde se difundían las ideas de la ilustración francesa, prohibidas por la Iglesia Católica y, por supuesto, por la Corona Española.

Doña Josefa se integró en una de estas sociedades y convenció a su esposo de integrarse también. En estas reuniones se convocaba a personalidades de todo tipo: poetas, librepensadores e incluso miembros del ejército y del clero, que al ir radicalizando sus ideas convertían las reuniones en una verdadera conspiración.

La propia casa de los corregidores se convirtió en un lugar afamado por sus tertulias a las que asistían personalidades como el cura del pueblo de Dolores, don Miguel Hidalgo y Costilla, muy reconocido por haber sido rector del Colegio de San Nicolás, en Valladolid, y a quien apodaban el Zorro por la gran astucia de que hacía gala en juegos mentales. Hidalgo tenía una personalidad muy atractiva por su gran ingenio y conocimientos. Hablaba y leía fluidamente en francés y dominaba varias lenguas indígenas, pues era un prolífico benefactor de los pueblos indios del Bajío. También participaban en estas reuniones varios militares como el capitán Ignacio Allende, que fue quien invitó a don Miguel Hidalgo a la conspiración, y el capitán Juan Aldama.

Las discusiones de los conspiradores no trataban sobre la independencia de la colonia. Lo que ellos buscaban era un Gobierno que garantizara el acceso a cargos de primer nivel en la administración pública, milicia y clero a los criollos y, por otra parte, un Gobierno verdaderamente español, ya que desde 1808 la invasión francesa había sometido a España bajo su dominio.

Los rebeldes proponían levantarse en armas en octubre o a más tardar en diciembre de 1810. Sin embargo, el 13 de septiembre fueron descubiertos por un infiltrado, que informó a las autoridades del virreinato de las actividades del grupo literario de Querétaro. El corregidor, don Miguel Domínguez fue nombrado para detener a los conspiradores, siendo él mismo parte de la conjura, sin que la autoridad lo supiera aun o, como dicen otras fuentes, aunque sabía de la conspiración no simpatizaba con ella y se mantenía al margen. Como haya sido, encerró a su esposa en una habitación de la casa y detuvo a varias personas como sospechosas.

La independencia de México

Doña Josefa temió por los verdaderos líderes (Hidalgo, Allende y Aldama) y buscó avisarles. La leyenda dice que con el tacón de su zapato, a ritmo de polca, logró llamar la atención de un empleado de la reguría, el alcalde Ignacio Pérez (seguramente también asistente a las reuniones literarias), y él buscó al capitán Ignacio Allende para notificarle que habían sido descubiertos. Era la noche del 15 de septiembre de 1810.

Allende de inmediato se trasladó al pueblo de Dolores

para dar aviso al párroco don Miguel Hidalgo quien, en vez de huir, mandó sonar las campanas de la iglesia. En ese tiempo, tañer las campanas era una señal de convocación para el pueblo. No se trataba de una llamada a misa por la hora, ya era la madrugada del día 16, así que la gente, seguramente extrañada, se reunió y escuchó la arenga del cura Hidalgo llamándolos a levantarse en armas contra el mal gobierno, llamándolo «gachupín» (modismo que se aplicaba a los españoles peninsulares, pero también a los invasores franceses), jurando lealtad al rey Fernando VII. Es así como da inicio a una revolución que once años después lograría la independencia de México.

Al estallido de la insurrección el gobierno español mandó apresar a don Miguel Domínguez (por sospecha de participación en la conjura), recluyéndolo en el convento de Santa Cruz, y a su esposa doña Josefa en el de Santa Clara, en la ciudad de Querétaro.

Al poco tiempo fue liberado don Miguel, pero a doña Josefa la trasladaron a la Ciudad de México, donde la internaron en Santa Teresa acusada de traición. Don Miguel Domínguez litigó por su liberación en medio de gran penuria, pues no tenía empleo: había tenido que trasladar a su numerosa familia a la capital y dedicaba todo su tiempo a la defensa de doña Josefa. Ella fue trasladada al Convento de Santa Catalina de Sena, un lugar aun más estricto que los anteriores, donde permaneció presa hasta 1817 cuando el Virrey Juan Ruiz de Apodaca, le reconoce a Miguel Domínguez el derecho a percibir un sueldo por los servicios prestados y mandó liberar a doña Josefa.

Así transcurrieron cuatro años más hasta la consumación de la independencia, lograda con la alianza de Agustín de Iturbide y Vicente Guerrero. Unos meses después, Agustín de Iturbide logra que lo coronen emperador y le ofrece a Doña Josefa ser miembro de la corte como dama de honor de su esposa. Indignada, Josefa rechazó con contundencia el ofrecimiento, que ella juzgaba como una intolerable burla, ya que pensaba que la instauración de un imperio era completamente contraria a los ideales por los que había luchado y tantos habían muerto.

Doña Josefa tuvo el privilegio de ver consumado su anhelo de independencia y trabajó con su esposo en la organización del nuevo país que nacía. Don Miguel, siempre acompañado de su esposa, formó parte importante de los gobiernos provisionales que tuvieron que organizarse al triunfo de la independencia y participó activamente en la propuesta de conceptos y la redacción para darle una constitución al país (la Constitución de 1824); en ambos casos trabajaron juntos arduamente y, por supuesto, apoyaron el establecimiento de un gobierno republicano, que tuvo como primer presidente a don José Miguel Ramón Adauco Fernández y Félix, mejor conocido como Guadalupe Victoria.

Doña Josefa Ortiz de Domínguez murió en la Ciudad de México el 2 de marzo de 1829, víctima de una enfermedad pulmonar, tal vez pleuresía, dejando un legado extraordinario como mujer, madre, esposa, revolucionaria y política, razones más que válidas para que, con toda justicia, le hayan llamado «madre de la patria».

Si Doña Josefa sólo hubiera sido la madre de sus hijos, quizá la independencia de México no se hubiera logrado. Si Doña Josefa sólo hubiera sido la esposa del Corregidor, quizá se hubiera divertido mucho, pero no hubiera pasado a la historia. Si hubieran más mujeres como Doña Josefa... pero qué digo, si tú, amiga lectora, eres así de valiente y así de audaz.

He conocido la historia de algunas mujeres de

Equipovisión que cruzaron desiertos, atravesaron ríos, sufrieron hambre, padecieron frío, lloraron con sus familias la escasez y la zozobra, pero a todo se sobrepusieron y, luchando, hoy son campeonas. Las mujeres de Equipovisión saben que en la vida nada es gratis, que hay que trabajar sin escatimar esfuerzos, pero saben que todo tiene recompensa.

Las mujeres que han aprendido que lo más valioso es lo que uno es: sus convicciones, principios y valores, y lo encauzan a un quehacer productivo, honesto y de esfuerzo, están conscientes de que influyen en otros también. Pueden ser sus propios hijos, o familiares, pero igual su comunidad, las personas con quienes hacen equipo para demostrarles que un mundo mejor es posible y ese mundo es el que podemos construir nosotros mismos, porque nadie lo va a hacer si no es que nosotros mismos.

Cada vez que logramos sumar a alguien más para lograr su independencia financiera, le ofrecemos también un cambio en su estilo de vida, en su mentalidad y lo convertimos en un faro que alumbra en un mundo de conformismo y frustración. Por eso es que las mujeres que se atreven a luchar por un cambio son los pilares de la sociedad, son los pilares de su familia, son los pilares de México.

MARIANA RODRÍGUEZ DEL TORO DE LAZARÍN

(1775-1821)

En los muros de honor de la Cámara de Diputados aparecen, en el muro central, el nombre de cinco ilustres mexicanas: cuatro mujeres de la guerra de Independencia y una de la Revolución: Josefa Ortiz de Domínguez, Leona Vicario, Antonia Nava, Mariana Rodríguez del Toro de Lazarín y Carmen Serdán. También, en secciones distintas, se menciona a Margarita Maza de Juárez y a Sor Juana Inés de la Cruz. Distinguidas y valerosas mujeres de las que poco se habla y cuyas heroicas acciones casi no se recuerdan, pero que definitivamente son pilares de México.

Se desconoce tanto de ellas ... por ejemplo, no se tiene

un retrato, ni se sabe con certeza la fecha del nacimiento de **Mariana Rodríguez del Toro de Lazarín,** pero es muy probable que ocurriera alrededor de 1775 en la Ciudad de México. La familia de Mariana pertenecía a la aristocracia virreinal. En 1795 contrajo matrimonio con un hombre treinta años mayor que ella, el rico empresario Miguel Lazarín y Lazo de la Vega, quien fuera uno de los dueños de la mítica mina La Valenciana, quizás la mina de plata más productiva en la historia del país.

Siendo una de las familias más pudientes de la ciudad, era muy común que en casa de los Lazarín se celebraran tertulias constantemente, y debido a las condiciones políticas de la época, el tema recurrente era la necesidad de separarse de la corona española debido a la invasión napoleónica en España que tenía secuestrado al rey. La independencia de la Nueva España, además, ofrecería grandes oportunidades a emprendedores, pues la riqueza generada en el país era enviada casi en su totalidad a España, despojando a quienes la generaban.

Grandes oportunidades a emprendedores

En 1808, el matrimonio formó parte de los conspiradores que convencieron al Virrey José de Iturrigaray de encabezar un gobierno autónomo en México. Cuando los peninsulares se enteraron de los planes de Iturrigaray, lo apresaron y acusaron de traición a España. Mariana y su marido lograron permanecer incógnitos y no sufrieron las consecuencias de las severas medidas que tomó la autoridad española en represalias por la conspiración.

Su bajo perfil no despertaba sospecha alguna, y es que su posición dentro de la clase privilegiada en el virreinato era su mejor coartada. Así, en unos cuantos meses, las tertulias presididas por Mariana Rodríguez del Toro de Lazarín eran el mejor lugar para tener noticias sobre los diversos movimientos de emancipación que había en el país, entre ellas la conspiración que en Michoacán encabezaba Mariano Michelena, la cual también fue descubierta.

Doña Mariana era una mujer hermosa, inmensamente rica, de la más alta aristocracia, cercana al poder y de privilegiada alcurnia. En esos términos, hasta parece extraño que se arriesgara de tal manera. Por eso no despertaba sospecha, la consideraban una de los suyos, y sin embargo, Mariana era patriota. Deseaba la emancipación de su patria, no solo de la dominación francesa, que usurpaba temporalmente a la española, sino de cualquier tiranía que limitara la libertad legítima a que todo ser humano tenemos derecho.

Su esposo, por otra parte, no compartía del todo esos ánimos emancipadores, pero comprendía que los esfuerzos de su esposa podrían beneficiarles y la dejaba hacer sin comprometerse del todo, incluso se retiraba de las reuniones para que su mujer las presidiera plenamente.

En 1810, la tertulia en el palacio que tenían los Lazarín en la calle de Donceles se vio engalanada por la presencia del capitán don Ignacio Allende, a quienes los anfitriones invitaron, conociendo ya de la conspiración que se fraguaba en Querétaro. Mariana también promovía entre otras mujeres, y entre diferentes clases sociales, las ideas de la independencia, lo que sería de gran ayuda una vez iniciada la lucha, pues servirían como emisarias y receptoras de correos.

Finalmente, cuando la conjura en Querétaro fue descubierta en septiembre de 1810 y el levantamiento en armas tuvo que adelantarse, Mariana apoyó la causa insurgente no sólo con bienes materiales, sino con información de los realistas que conseguía a través de esa red de mujeres humildes que había logrado crear y que se infiltraba incluso en casas de los más poderosos adversarios de la causa independentista.

El 8 de abril de 1811, Lunes Santo, durante la reunión en la casa de Mariana Rodríguez del Toro de Lazarín, se escuchó el repique de campanas de la Catedral y salvas de artillería, algo totalmente inusual en una fecha "de guardar". Uno de los invitados que llegó retrasado al convivio les informó que era la forma en que el gobierno virreinal anunciaba la captura de don Miguel Hidalgo y los demás caudillos insurgentes, debido a la traición de un militar infiltrado de nombre Ignacio Elizondo, en un paraje denominado Acatita de Baján, en Coahuila. El desánimo y el miedo comenzaron a hacerse presentes entre la concurrencia.

Mariana se levantó e increpó a sus invitados. Se dice que en su arenga exclamó: «¿*Qué sucede, señores?, ¿No hay otros hombres en América aparte de los generales que han caído prisioneros? ¡Libertad a los prisioneros, tomemos aquí al virrey, ahorquémoslo!*» Y eso intentaron.

Organizaron un plan para detener al virrey Venegas y ahorcarlo proclamando la independencia del país. Incrédulos a lo que escuchaban, algunos de los participantes de la tertulia decidieron abandonar la casa. Sin embargo, con los hombres que quedaron, la valiente mujer había conseguido los adeptos necesarios para llevar a cabo su plan.

Resultaba un acto de increíble valor que rayaba en la locura, porque si en aquella época alzar la mirada era ya un signo de rebeldía en una mujer, levantar la voz e idear una conspiración fue sin duda un acto de gran audacia y extremado valor de parte de doña Mariana. Resultó también un trance muy complicado para los hombres allí presentes. La cultura de la época y el machismo imperante eran elementos casi insuperables. Es por eso que hoy la historia las trata de heroínas pues tuvieron la firmeza de carácter y una absoluta resolución. Nos enseñaron de lo que fueron capaces de hacer aun en su condición de mujeres: pilares de México.

A pesar de toda la enjundia y valor—incluso de lo bien elaborado de su plan—los conspiradores se vieron irónicamente descubiertos por uno de sus propios miembros. Este hombre, José María Gallardo, un día antes de ejecutarse el plan, decidió ir a confesarse por si moría al día siguiente. El cura que lo confesó, Felipe Camargo, del templo de la Merced, violando el secreto de confesión, informó al virrey Francisco Xavier Venegas de la conspiración. El virrey inmediatamente mandó detener al tal Gallardo, quien obligado mediante tortura, confesó el nombre de los demás implicados. El 29 de abril de ese año fueron detenidos Mariana y su esposo.

Durante meses trataron de sacar más información a Mariana por medio de tortura, pero ella jamás delató a nadie. Todos los

Ella jamás delató a nadie

bienes de la familia fueron confiscados y la pareja fue tratada duramente en prisión. Durante los siguientes nueve años, permanecieron presos, hasta 1820, año en que fueron liberados. Las penurias de la prisión minaron la salud de la patriota y a principios de 1821, meses antes de consumarse la independencia, Mariana Rodríguez del Toro de Lazarín y Lazo de la Vega murió.

El heroísmo de doña Mariana Rodríguez del Toro de Lazarín no puede medirse por el éxito o fracaso de la conspiración de 1811, sino porque su participación logró hacerla sobresalir en un mundo de hombres. Su influencia resultó esencial para convencerlos y organizarlos, y para, finalmente, garantizar que el movimiento independentista siguiera vivo a pesar de que sus líderes se encontraran presos o muertos. Por su participación como ciudadana activa en el movimiento, pero además por vencer los estándares sociales y rebelarse contra la tradición femenina de la época, Doña Mariana pertenece a las mujeres que son pilares de México.

Una última reflexión. De todos los retratos que ilustran estas biografías, la única que no es real es la de Mariana. El gobierno virreinal quiso borrar todo vestigio de alguien que consideró como traidora. La ilustración que usamos fue realizada para no dejar un espacio en blanco porque quisimos rendir un homenaje a una mujer que, aunque no sepamos cómo fue físicamente, su memoria permanece vigente como la de una mujer valiente. Eso me lleva a pensar en cuántas mujeres han sido verdaderas heroínas de mil batallas y que están en el anonimato.

Madres que lucharon por sacar adelante a sus hijos. Esposas que compartieron el trabajo duro con sus maridos para hacerse de un patrimonio. Mujeres que han mantenido intactos sus sueños a pesar de la ruda batalla de la vida. Mujeres que incluso tuvieron que ejercer el liderazgo en momentos en que el ánimo flaqueó en sus hombres o, porque debido a la ausencia de ellos, ellas asumieron con valor y decisión la dirección en el timón.

Mariana Rodríguez del Toro de Lazarín perdió todo lo que poseía, incluso la salud y finalmente la vida, y estoy seguro que sus convicciones no menguaron ni un ápice. Conozco a ese tipo de mujeres, a las que no le temen a lo desconocido, a las que saben que el triunfo nunca es fácil, que nada es regalado, que hay que sembrar y cultivar y aun la cosecha, hay que trabajar para recogerla.

Conozco a ese tipo de mujeres, hay muchas de ellas en Equipovisión. Mujeres indomables, inquebrantables, invencibles. La posteridad las recordará, tal vez no con un retrato, sino recordando sus historias de amor y sacrificio y de ellas se dirá: son los pilares de México.

ANTONIA
NAVA CELESTINA
(1779-1843)

Antonia Nava Celestina, nació en una aldea llamada Tepecoacuilco, muy cercana a la actual ciudad de Tixtla, en las montañas del hoy estado de Guerrero, el 17 de noviembre de 1779. Sus padres fueron don Nicolás Nava y doña María Celestina, indígenas de esa zona. La familia Nava no tuvo oportunidades de prosperar o enviar a sus hijos a la escuela, así que, toda su infancia y adolescencia, Antonia las pasó en las labores del campo y el hogar. Casó con Nicolás Catalán, oriundo de Chilpancingo, y del matrimonio nacieron ocho hijos (cinco hombres y tres mujeres).

Nicolás y Antonia migraron de Tixtla buscando

mejores oportunidades. Llegaron a Chilpancingo y luego se fueron a vivir a Jaleaca. Al tener la noticia del movimiento armado iniciado por Hidalgo, decidieron unirse a la causa insurgente y, al saber del paradero del general Morelos, fueron a buscarlo en el cerro de El Veladero, cerca de Acapulco, a fines de 1810.

Apagar el fuego del enemigo

Morelos había recibido órdenes de Hidalgo de insurreccionar el sur del país y tomar el puerto de Acapulco. Con ese fin, el 4 de enero de 1811, atacó una población defendida por el ejército realista, llamada Tres Palos. Lideraron el ataque los hermanos Bravo, los Galeana y, el entonces capitán, Vicente Guerrero, logrando un triunfo completo. Ese fue el «baño de fuego» para Antonia y su esposo Nicolás Catalán, quien peleó con valor distinguiéndose por su arrojo.

Después de esta batalla, Morelos se preparó para la toma de Acapulco, en donde se presentó el 8 de febrero de 1811. Había alcanzado un acuerdo con el sargento español José Gago, quien entregaría la plaza, pero Gago lo traicionó y fueron recibidos con fuego nutrido.

Nicolás Catalán iba a la cabeza del contingente. Fue dado por muerto, sin embargo doña Antonia lo encontró sano y salvo.

Después de este frustrado intento, Morelos se reorganizó y tomó rumbo de nuevo para Chilpancingo el 3 de mayo. Allí preparó la toma de Tixtla y con ese fin avanzó el 26 de mayo de 1811, prometiendo que «a las 12 comeremos en Tixtla», ofrecimiento cumplido con asombrosa exactitud.

Al concluir la batalla, el propio general Morelos mandó llamar a Nicolás y a doña Antonia para notificarles de la muerte de uno de sus hijos. Ella, con toda dignidad, respondió al caudillo cuando trataba de consolarla: «Ha muerto cumpliendo con su deber de patriota; aquí le presento a los cuatro hijos que me quedan; tres podrán apagar el fuego del enemigo y el otro, por ser todavía un niño, que se le dé un tambor, con el cual redoble el triunfo de nuestra causa», lo que provocó de inmediato la admiración de los presentes.

Morelos, en su visión de estadista, pugnó por la instauración de una estructura que le diera legalidad al movimiento y, pensando en la victoria de la insurgencia, inició los trabajos para la Constitución Política de una nueva nación. Así, el 13 de septiembre de 1813 en la ciudad de Chilpancingo, logró que se estableciera el Congreso de Anáhuac. Para celebrar este gran acontecimiento, doña Antonia Nava y otras mujeres prepararon la comida para los revolucionarios y para el pueblo.

Por las necesidades de la guerra, Morelos salió para Valladolid y encargó a los hermanos Bravo la custodia del Congreso que iba a la población de Tlacotepec. Formaba parte de la escolta Nicolás Catalán. Fueron alcanzados por el realista Gabriel de Armijo y, en Mezcala, se trabó rudo combate el 21 de enero de 1814, donde fueron derrotados los insurgentes. Se logró salvar al Congreso, aunque con gran pérdida de vidas, entre ellas la de Manuel, otro de los hijos de Nicolás y Antonia. Cuando el general Morelos regresó, los mandó llamar y al querer consolar a Antonia, ésta nuevamente se negó y dijo que no estaba ahí para llorar, sino para entregar a sus hijos como soldados.

Tras la muerte de Morelos, en diciembre de 1815, el movimiento insurgente se reorganizó en guerrillas que asolaban la tierra caliente. En febrero de 1817, el ejército del general Nicolás Bravo y su lugarteniente, don Nicolás Catalán, se vieron obligados a fortificarse en el Cerro del Campo, lugar de difícil acceso, situado en lo más intrincado de la Sierra Madre del Sur y a la vista de Jaleaca.

Los sitió el realista Gabriel de Armijo. Los insurgentes resistían ya un asedio de 50 días que los tenía totalmente desmoralizados. El hambre era insoportable, se habían comido cuanto animal se encontraba en el lugar. Era imposible resistir más, así que llegaron a una decisión angustiosa: acordaron matar a un soldado por cada diez hombres ¡para que sirviera de alimento a la tropa! Tal era el tamaño de su desesperación.

Enteradas de la noticia, las mujeres del contingente, encabezadas por doña Antonia Nava, su cuñada María Catalán y doña Catalina González, esposa del sargento Nicolás Bautista, se presentaron ante el general Bravo y en voz de Antonia, se ofrecieron a sí mismas: «*Venimos porque hemos hallado la manera de ser útiles a nuestra Patria. ¡No podemos pelear, pero podemos servir de alimento!*» Sacó un puñal y se lo llevó al pecho para quitarse la vida ella misma. Cien brazos se lo arrancaron de la mano, al mismo tiempo que un alarido de entusiasmo aplaudía aquel rasgo valiente.

Este tremendo ejemplo de sacrificio sirvió para elevar la moral y el entusiasmo de la tropa. Doña Antonia los conminó para intentar romper el cerco y, de esta manera, mejor morir peleando: «*Son las once de la noche* –les dijo– , *los enemigos están durmiendo; dennos armas y juntos rompamos el sitio*». Los combatientes, llenos de coraje, pelearon rompiendo el cerco en la noche del memorable 14 de marzo de 1817.

Pese a todos los esfuerzos, poco a poco, los realistas fueron controlando el país; solo Vicente Guerrero permanecía en la lucha por la zona de Tierra Caliente, donde había obtenido una serie de victorias sobre Armijo. En noviembre de 1818, ordenó la toma de Coyuca y puso sus tropas al mando de Pedro Ascencio y de Nicolás Catalán. En esa batalla demostró gran valor y arrojo Nicolás Catalán hijo, quien ostentaba el grado de sargento primero, y en ella perdió la vida. Fue allí sepultado y hoy día ese lugar se llama Coyuca de Catalán en honor a ese jovencito.

Los hijos de doña Antonia fueron Nicolás, Manuel, Antonio y Pedro (del mayor de ellos se desconoce el nombre) y tres mujeres: Teresa, María y Margarita. Tres de sus hijos varones cayeron en campaña: el mayor murió en Tixtla; Manuel, en Paso de Mezcala; y, Nicolás, en la toma de Coyuca. Estos patriotas, muchachos imberbes, son para el estado de Guerrero lo que los Niños Héroes de Chapultepec para México.

El virrey Apodaca, buscando la finalización del conflicto, focalizado en el sur del país, envió a Agustín de Iturbide, general invicto, a atacar a Vicente Guerrero. Llegó con dos mil quinientos hombres, más los batallones que se le unieron, y fijó su cuartel general en Teloloapan.

Los planes de Iturbide, sin embargo, eran distintos. Él concibió la idea de unirse a Guerrero y proclamar la independencia del país. Acordaron, mediante comunicación epistolar, reunirse para pactar su alianza en una comunidad llamada Acatempan, lo cual sucedió, sin que los historiadores se unifiquen en cuanto a la fecha en que se dio el famoso abrazo.

Algunos dicen que el abrazo entre Iturbide y Guerrero se dio el 4 de febrero de 1821 en Tepecoacuilco. Lo cierto es que doña Antonia y dos de sus hijos estuvieron presentes en la firma del Plan de Iguala el 24 de febrero, así como en la entrada del Ejército Trigarante a la Ciudad de México el 27 de septiembre del año 1821. Al lado de su esposo,

Nicolás Catalán, cabalgaba jubilosa al ver triunfante la lucha por la independencia de su patria.

Don Nicolás, con grado de general (por eso a Antonia le llamaban «generala»), fue designado comandante del actual estado de Guerrero. La familia se asentó en Chilpancingo. Nicolás Catalán falleció el 17 de febrero de 1838, y Antonia Nava de Catalán, que le sobrevivió, falleció el 19 de marzo de 1843, a los 63 años.

Antonia Nava, «La Generala», estuvo dispuesta a dar, no sólo su vida (al ofrecerse para servir de alimento a las tropas en un acto sin precedente en la historia nacional), sino la de sus hijos por la causa que traería la independencia a México. Ese es un sacrificio más allá de nuestra comprensión. Sin embargo, la vida requiere de sacrificios. Lograr metas, alcanzar sueños, ver realizado tus anhelos, requerirá siempre de grandes esfuerzos y, a veces, de enormes sacrificios. Por eso no deja de sorprendernos que haya quien se queje esperando resultados fáciles.

Acostumbrados como estamos a la cultura del menor esfuerzo, olvidamos que el trabajo es el ejercicio del esfuerzo. Nunca se han logrado éxitos por casualidad.

Todo éxito está precedido de un enérgico esfuerzo, por horas de trabajo incesante, de disciplina y de una férrea determinación. Cuando no se actúa bajo estos criterios, de pronto surgen sentimientos de frustración y de amargura. La gente se queja de la falta de resultados cuando éstos sólo son posibles por la lucha diaria.

Incluso hay quienes piensan que el trabajo es una maldición o un castigo. Esa es una visión equivocada. Nadie merece lo que no ha trabajado. Nadie debe descansar en la suerte. El mundo puede ser tuyo, pero tienes que conquistarlo. Los grandes logros en la vida son producto de tu esfuerzo y sacrificio. Antonia Nava y su esposo Nicolás Catalán, llegaron a ser los líderes de su tierra natal de donde había tenido que salir en busca de

> *Nadie debe descansar en la suerte*

un mejor destino. Estuvieron dispuestos a ofrendarse y entregar lo más sagrado que tenían: a sus hijos y la propia vida. Hoy los recordamos como héroes porque lo son; hicieron más allá de lo que el deber les exigía.

Ese es el espíritu de Equipovisión: dar un poco más allá de lo que debemos dar. Siempre da resultado.

LEONA
VICARIO
(1789-1842)

Mujeres los pilares de México

María de la Soledad Leona Camila Vicario Fernández de San Salvador, más conocida como **Leona Vicario**, nació en la Ciudad de México el 10 de abril de 1789 y en ella murió a los 53 años de edad, el 21 de agosto de 1842. Tuvo una vida de increíbles aventuras y logros extraordinarios. Fue hija única de un próspero comerciante español, don Gaspar Martín Vicario, quien había contraído matrimonio con una joven mexicana, originaria de Toluca, Camila Fernández de San Salvador. Fueron padres amorosos que le prodigaron a su única hija una esmerada educación que incluía ciencias, literatura y artes.

Cuando Leona estaba por cumplir 18 años, murieron sus padres y entonces quedó bajo la custodia de su tío, el doctor en leyes don Agustín Pomposo Fernández de San Salvador, quien le permitió vivir sola, lo que constituía un escándalo para esa época. Con su tío trabajaba un joven yucateco, Andrés Quintana Roo, de quien Leona se enamoró. Sin embargo, debido al origen humilde del pretendiente, el tío la negó en matrimonio.

A escondidas de su tío, Leona continuaba su relación con Andrés, y fue él quien comenzó a hablarle de la insurgencia que se estaba organizando en el Bajío en búsqueda de la independencia del país. Ella, sin dudarlo, se incorporó a una sociedad secreta de conspiradores llamada «Los Guadalupes», cuyos integrantes establecieron una red de correos con Miguel Hidalgo y José María Morelos, entre otros líderes rebeldes.

Leona comenzó a invertir su fortuna dando cobijo a fugitivos, enviando dinero y medicinas a los rebeldes y transfiriéndoles recursos e información de cuantas novedades ocurrían. Ferviente proselitista de la causa insurgente, a finales de 1812, convenció a unos armeros vizcaínos de que se pasaran al bando insurgente, quienes trasladándose a Tlalpujahua, localidad en la que estaba instalado el campamento de don Ignacio López Rayón, se dedicaron a fabricar cañones financiados con la venta de las joyas y bienes de Leona.

En marzo de 1813 uno de sus correos fue interceptado. Leona, al saberse descubierta, huyó rumbo a Michoacán, sin embargo tuvo que regresar a la capital. Ahí su tío logró que la recluyeran en el Colegio de Belén, en vez de ser enviada a la cárcel, aunque no pudo evitar que la procesaran. La Real Junta de Seguridad y Buen Orden le instruyó un proceso en el que

Nunca delató a sus compañeros

fueron apareciendo documentos que la inculpaban. Nunca delató a sus compañeros. Fue declarada culpable y se le condenó a formal prisión y a la incautación de todos sus bienes.

Dos meses más tarde, en mayo de 1813, tres insurgentes disfrazados de oficiales virreinales la ayudaron a escapar a Tlalpujahua, Michoacán. Ahí contrajo matrimonio con Andrés Quintana Roo. A partir de entonces se mantuvo junto a su esposo al servicio de la insurgencia y del

Congreso de Chilpancingo. Don José María Morelos, preocupado por ella, decidió recompensarla con una asignación económica, más tarde ratificada y aprobada por el propio Congreso.

Recién casada, a salto de mata pues se sabía perseguida, y en medio de una guerra que no les era favorable, Leona comenzó una de las etapas más fructíferas de su vida al iniciar colaboraciones permanentes en los periódicos El Ilustrador Americano y el Semanario Patriótico Mexicano, convirtiéndose, en un hecho insólito para la época, en la primera mujer mexicana en ejercer el periodismo en nuestro país, demostrando criterio propio, firmes convicciones cívicas y patrióticas, manejo del lenguaje y un temple a prueba de todo.

Con la captura y asesinato de don José María Morelos, el Congreso tuvo que ser disuelto por la propias fracciones insurgentes enfrentadas entre sí. Leona y su esposo huyeron por su cuenta y riesgo, escondiéndose en los bosques de Michoacán, rechazando los repetidos indultos que el Gobierno colonial ofrecía a la insurgencia. Es importante destacar que muchos insurgentes aceptaron esta oferta que, con las recientes derrotas y la muerte de Morelos, hacía suponer el fin de la lucha independentista.

Escondidos en las montañas, el joven matrimonio tuvo su primera hija; Leona la dio a luz ¡en una cueva!, sin ayuda ninguna, en un lugar llamado Achipixtla, situado en la tierra caliente michoacana en 1817. Don Ignacio López Rayón fungió como padrino de la niña a quien pusieron por nombre Genoveva.

En la primavera del año siguiente, escondidos en la serranía de Tlatlaya, actualmente parte del Estado de México, Andrés y Leona fueron capturados. Pensando en las consecuencias que significaría para su hija estar en prisión y sabiéndose nuevamente embarazada, aceptaron para madre e hija, el indulto que por años habían rechazado.

Al consumarse la independencia, y en compensación por la confiscación de sus bienes, el Congreso de la República concedió a Leona Vicario una liquidación en metálico, una hacienda llamada Ocotepec, en Apan, en el actual estado de Hidalgo, y tres casas en la Ciudad de México. Corría el año de 1823.

En 1827 el Congreso del Estado de Coahuila y Texas

(que entonces formaban una sola entidad) acordó que la Villa de Saltillo se denominase en adelante «de Leona Vicario», quien era toda una leyenda viviente y a la que aclamaban como *la mujer fuerte de la Independencia.*

La familia tuvo una tercera hija a la que llamaron Dolores, en honor al lugar en el que don Miguel Hidalgo inició la lucha por la independencia en 1810. Leona Vicario continuó con actividades políticas, periodísticas y poéticas junto a su esposo, a quien incluso defendió cuando el presidente Anastacio Bustamante ordenó su persecución y condena como represalia por las campañas de prensa que se difundían desde *El Federalista,* editado gracias a los recursos de Leona y en el cual siguió escribiendo hasta su muerte.

También a través de ese periódico, se enfrentó nada menos que a don Lucas Alamán, uno de los intelectuales más prominentes del movimiento conservador, quien decía que las mujeres habían ido a la guerra de Independencia solo motivadas por el amor a sus hombres y no por convicciones éticas. Leona escribió en su columna: «*Confiese Sr. Alamán que no solo el amor es el móvil de las acciones de las mujeres; que ellas son capaces de todos los entusiasmos y que los sentimientos de la gloria y la libertad no les son unos sentimientos extraños; antes bien vale obrar en ellos con más vigor, como que siempre los sacrificios de las mujeres, sea el cual fuere el objeto o causa por quien las hacen, son desinteresados, y parece que no buscan más recompensa de ellos, que la de que sean aceptadas.*

»Por lo que a mí toca, sé decir que mis acciones y opiniones han sido siempre muy libres, nadie ha influido absolutamente en ellas, y en este punto he obrado con total independencia y sin atender las opiniones que han tenido las personas que he estimado. Me persuado de que así serán todas las mujeres, exceptuando a las muy estúpidas, y a las que por efecto de su educación hayan contraído un hábito servil. De ambas clases hay también muchísimos hombres.»

Fue declarada «Benemérita y Dulcísima Madre de la Patria» el 25 de agosto de 1842, a los cuatro días de su fallecimiento. Hasta la fecha, ha sido la única mujer en México a la que se le han ofrecido funerales de Estado. Sus restos descansaron primero en el panteón de Santa Paula, después, el 28 de mayo de 1900 fueron trasladados, junto con los de su esposo Andrés Quintana Roo, a la Rotonda de las Personas

Ilustres, hasta su traslado definitivo a la Columna de la Independencia en 1925.

Tremendo liderazgo

El tremendo liderazgo de Leona Vicario lo he visto reflejado muchas veces en las mujeres de Equipovisión. Me he quedado sorprendido al escucharlas compartir. Cada vez que suben a una plataforma y se plantan frente a un auditorio que las escucha con respeto y atención, lo hacen con tal certeza que contagian entusiasmo y esperanza. No sé si en otras circunstancias de sus vidas lo hubieron logrado, pero este negocio les ha dado el aplomo y ellas han sabido tomar la oportunidad. Merecen disfrutar sus logros porque eso inspira a quienes aun se sienten inseguros mostrándoles que es posible cumplir sus sueños.

La más grande riqueza que genera Equipovisión es la realización del individuo. No hay barreras sociales, de idioma o de cultura. No hay fronteras ni obstáculos que te detengan. Eres un ser valioso y pese a lo que digan los demás, tu futuro lo determinas tu misma. Leona Vicario defendió una causa y apostó todo por ella. Su ejemplo y osadía nos desafían a que luches por tus sueños. Están al alcance de tus manos. Tal vez no será fácil, pero tampoco imposible. Atrévete, eres dueña de tu destino. No dejes que nadie te diga lo contrario. Eres mujer, eres invaluable, eres un pilar de México.

MARGARITA MAZA
DE JUÁREZ

(1826-1871)

Entre los méritos más espléndidos de las mujeres, pilares de México, no se encuentra necesariamente el empuñar un fusil, sino empuñar dulzura, comprensión y respeto. Margarita Eustaquia Maza Parada, a quien en la historia conocemos mejor por su apellido de casada, **Margarita Maza de Juárez**, es el ejemplo puntual de la distinción de una dama: amante esposa, amiga íntima, solidaria compañera y madre abnegada.

Como amante esposa, tuvo 12 hijos (once propios y uno adoptado); como amiga íntima, jamás reveló ni fue indiscreta con los comentarios de su esposo; como solidaria compañera, trabajaba para recaudar fondos para la causa; como madre abnegada, una vez tuvo que huir con seis hijos y embarazada de gemelas. Tuvo que mantener a sus hijos en los destierros que sufrió. Enterró sola a 5 de sus hijos, pues su marido estaba en la lucha por la nación.

Un diputado dijo de ella cuando se presentó la iniciativa de incluir su nombre en el muro de honor de la Cámara de Diputados: «*Si ambos, en indisoluble unión, vivieron y sufrieron por los ideales superiores de México, es un acto de merecida justicia que sus nombres aparezcan unidos en este retablo de la patria, en el recinto de la representación nacional, para que juntos reciban el perenne homenaje de la Nación.*»

Margarita nació en la ciudad de Oaxaca el 29 de marzo de 1826, es decir, Don Benito era exactamente veinte años y ocho días mayor que Margarita. Fue hija de un genovés avecindado en Oaxaca, destacado agricultor, don Antonio Maza Padilla y de la mexicana Petra Parada Sigüenza. Los padres de Margarita dieron a sus cuatro hijos (ella era la menor), una esmerada y muy pulida educación en apego a los principios de la moral cristiana.

Dicen que los caracteres afines se presienten y se buscan,

pues lo cierto es que Benito conoció a quien sería su esposa desde el día en que nació y solo esperó 17 años para casarse con ella. La hermana de Benito (Josefa) trabajaba como empleada doméstica en la elegante mansión de los Maza y cuando Benito escapó de las montañas, se refugió con su hermana, precisamente con la familia Maza, a quienes recurrentemente visitaba. Así que se encontraba presente en la casa el día en que nació Margarita.

Cuando pidió la mano de la joven, hay un relato que dice que Margarita le confió a su madre sobre Benito: «Es feo, pero es muy bueno». Una vez que contrajeron matrimonio, el 31 de octubre de 1843, ella estaba muy lejos de suponer que aquel modesto indígena, que había recibido la hospitalidad de su hogar paterno, ya convertido en abogado y recién nombrado juez, alcanzaría la estatura de gigante de México. Entre los años 1844 y 1864, tuvieron 12 hijos, 9 mujeres y 3 varones: Manuela, Felícitas, Margarita, Guadalupe, Soledad, Amada, Benito, las gemelas María de Jesús y María Josefa, José María, Jerónima Francisca y Antonio, de los cuales cinco murieron a temprana edad (dos varones y tres mujeres).

El matrimonio Juárez Maza no fue un hogar estable y

tranquilo, pero no por la diferencia de edad entre ambos, ni por pertenecer a diferente posición social, ni por ser de orígenes distintos, sino por las revolucionarias ideas de don Benito. Su manera de pensar y sus aspiraciones se encontraban adelantadas a su época; finalmente, sus ideas terminarían por transformar el paradigma de la nación. Podemos decir que México es uno antes de Juárez y otro completamente distinto después de él.

Al cumplir diez años de casados y siendo Juárez ya gobernador de Oaxaca, le negó resguardo al dictador Santa Anna. Cuando éste regresó al poder, mandó perseguir a Juárez, quien se vio obligado a huir precipitadamente al destierro. Margarita también huyó, sola con sus seis hijos y en espera de dos más, pues estaba embarazada de gemelas. Encontró refugio en diferentes haciendas, donde trabajó apenas después de dar a luz, y enviaba dinero para ayudar a su marido, quien después de estar un breve tiempo en La Habana, se trasladó a Nueva Orleans.

Al regresar Juárez a México, Margarita estableció una pequeña tienda en el mágico poblado de Etla, en Oaxaca. Juárez llegó a la primera magistratura y realizó la publicación de las Leyes de Reforma en las que se limitaba el poder de la iglesia Católica, confiscando sus propiedades, exclaustrando a monjas y religiosos, y separando a la Iglesia del Gobierno, creando el Estado laico. La confrontación fue terrible y se conoció entonces como «la guerra de los tres años», hoy la historia la llama Guerra de Reforma.

Fueron años de gran zozobra. Juárez, llevando a cuestas al país entero, escapó por el territorio nacional, dejando sola a Margarita. En 1958 y sin medir el peligro, Margarita huye de Oaxaca, atraviesa la abrupta Sierra Madre y busca llegar a Veracruz junto a su esposo para darle el apoyo moral que tanto necesita. Fue atacada por una banda de maleantes que intentó secuestrarla, pero logra burlarlos y llega sana y salva junto al presidente.

Al triunfo de los liberales, vuelven a estar juntos un poco más de un año, sin embargo la invasión y luego intervención francesa los separa nuevamente. Este terrible ataque se produjo cuando el clero solicita ayuda a las potencias europeas y Francia invade México. Margarita vuelve a separarse de Juárez, mas no lo abandona. En ese período, Margarita y sus hijas organizan reuniones, obras y otros pequeños eventos para recaudar fondos y apoyar la causa, las familias y personas afectadas por la guerra, así como a hospitales de guerra.

Fue descubierta por el imperio y tuvo que huir nuevamente, refugiándose, primero en Nueva York y, finalmente en Washington, D.C. Allí, murieron dos de sus tres hijos varones, José y Antonio, lo cual resulta un golpe devastador. Solo mantenía contacto con don Benito a través de cartas que tardaban muchísimo en llegar. Una de esas misivas llamada «la carta de bronce» retrata el dramatismo de una pareja que sufre el dolor de la pérdida de sus hijos y que no pueden llorar juntos a causa de la distancia que los separa.

Al triunfo de la República, Margarita regresó a México a bordo de un buque de guerra que el presidente de Estados Unidos puso a su disposición. Un escritor señala que Margarita «trata la gloria igual que a la derrota», con absoluta sencillez y firmeza de carácter.

Margarita enfermó sin un pronóstico claro. Hoy se deduce que debió de ser un tipo de cáncer en el estómago. Los dolores eran terribles y la agonía fue penosamente larga. Al morir Margarita, Juárez, tan inexpresivo como era, no pudo evitar un grito que salió de lo profundo de su corazón. Los presentes, quienes conocían bien el carácter del presidente, quedaron sorprendidos, pues jamás lo habían visto exaltarse y mucho menos gritar. El dolor debe de haber sido tan intenso que su pecho explotó desgarrado.

Pidió a sus amigos no enviar esquelas y manejar el fallecimiento de su esposa muy discretamente. Sin embargo, Sebastián Lerdo de Tejada dijo que no se podía hacer aquello, pues Margarita era una mujer muy querida y tenía que darse la noticia. Todos los periódicos publicaron la noticia en primera plana.

El país entró en luto: moños negros enmarcaban los edificios, hubo suspensión de obras teatrales y otras manifestaciones populares. Cientos de personas se dieron cita para acompañar el cuerpo rumbo al sepelio en el cementerio de San Fernando; innumerables coches y personas a pie. Juárez instruyó para que no se invitara a políticos, sino solo amigos y familiares cercanos, pero el pueblo se volcó en una muestra de genuino reconocimiento.

Margarita Maza de Juárez murió el 2 de enero de 1871;

tenía apenas 45 años de edad; el presidente Juárez le sobreviviría menos de 18 meses. Juárez extrañaba tanto a Margarita que se refugiaba en el trabajo de una manera exhaustivamente asombrosa. Si la frase es cierta, en nadie mejor se ve reflejada que en el matrimonio Juárez Maza: «En el trazo de todo gran hombre, está la huella de una gran mujer».

Margarita Maza, al contraer matrimonio con un indio pobre de raza pura, dio un golpe mortal a los prejuicios de su época. Amó a México hasta el sacrificio y, en aras de la patria, de la libertad y de las instituciones republicanas, sufrió hasta el martirio. Es figura señera en la cruenta lucha que el pueblo mexicano tuvo que librar contra el Partido Conservador, contra la Intervención y el Imperio hasta el triunfo definitivo de la República. Margarita Maza forma parte de la constelación radiante de mujeres que son pilares de México.

Hay miles de historias de mujeres que trabajaron para sostener a sus maridos en épocas de enfermedad, escasez o necesidad como lo hizo Margarita durante el exilio de Juárez. Ella mantuvo a sus hijos, le enviaba dinero a su esposo y todavía recaudaba recursos para la causa haciendo obras de teatro que, no sólo dejaban algo de dinero, sino que servían como herramienta pedagógica para ilustrar a la gente de lo que estaba ocurriendo en el país. La pasión de Margarita por la causa, únicamente era opacada por el amor a su esposo a quien amó y honró durante 28 años que duró su matrimonio.

Su entereza se mantuvo firme incluso ante la muerte de sus hijos, quienes murieron en el extranjero y a quienes tuvo que enterrar sola porque el presidente Juárez estaba peleando la segunda independencia nacional ante el invasor

Amó a México

francés. Ella tuvo que afrontar el dolor de la muerte de sus hijos y enterrarlos en tierra ajena y todavía contar con los arrestos de consolar a su esposo a la distancia. Tal vez ya viviste una experiencia así cuando sabes que un familiar está enfermo o ha muerto y no has podido estar al lado de quienes amas. Esa frustración e impotencia son tus armas, pero se necesita el carácter que tuvo Margarita para seguir luchando para lograr tus sueños.

Eres más grande que las adversidades. Eres más fuerte

que los problemas. Eres parte de la generación del cambio. Eres parte de la familia que es Equipovisión. Eres el pilar de tu familia. Eres un pilar de México.

MATILDE PETRA
MONTOYA LAFRAGUA
(1857-1938)

Matilde Petra Montoya Lafragua fue una niña prodigio. A los cuatro años ya sabía leer y escribir y se convirtió en una ávida lectora. Su padre, José María Montoya, era un hombre conservador que no permitía siquiera que su esposa saliera de su casa, menos comprendía el interés de la niña por estudiar; con frecuencia se disgustaba con su esposa, pues no le encontraba sentido a la educación que ésta pretendía darle a la niña.

La madre de Matilde, Soledad Lafragua, era originaria de la ciudad de Puebla. Al quedar huérfana, fue llevada al Convento de la Enseñanza, en la Ciudad de México, donde aprendió a leer y escribir. Siendo Matilde hija única, la joven Soledad le dedicaba todo su tiempo.

Matilde vivió su niñez durante la guerra civil, que en la historia conocemos como la Guerra de Reforma (nació el 14 de marzo de 1857). A los 11 años quiso inscribirse en la Escuela Primaria Superior (la primaria era de tres años, la «superior» de otros tres), cosa que no logró debido a su corta edad; su familia entonces le costeó estudios particulares. A los 13 años presentó el examen oficial para maestra de primaria, el cual aprobó sin dificultad; sin embargo, su edad fue nuevamente un impedimento para obtener el trabajo.

Después de la muerte de su padre, Matilde se inscribió en la carrera de Obstetricia y Partera, que dependía de la Escuela Nacional de Medicina. Obligada a abandonar esa carrera debido a dificultades económicas, la joven se inscribió en la Escuela de Parteras y Obstetras de la Casa de Maternidad, un lugar que se conocía como de «atención a partos ocultos», es decir, que atendía a madres solteras.

Estudió partería en el Establecimiento de Ciencias Médicas, antecedente de esta actual Facultad, que implicaba dos años de estudios teóricos, un examen frente a cinco sinodales, y la práctica durante un año en la Casa de Maternidad. A los 16 años, Matilde recibió el título de partera y se estableció a trabajar en Puebla con un éxito rotundo.

Empezó a trabajar como auxiliar de cirugía con los doctores Luis Muñoz y Manuel Soriano. Con el poco dinero que contaba, se dio tiempo para tomar clases en escuelas particulares para mujeres y completar sus estudios de bachillerato. La joven partera se hizo rápidamente de una numerosa clientela de mujeres que se beneficiaba con su amable trato y sus conocimientos de medicina, más avanzados que los de las otras parteras y aun que los de muchos médicos locales.

Un éxito rotundo

Algunos médicos que veían con gran envidia y temor los logros de la joven, orquestaron una campaña de difamación en su contra en varios periódicos locales. Se publicaron violentos artículos en los que se convocaba a la sociedad poblana a no solicitar los servicios de esa mujer poco confiable, acusándola de ser «masona y protestante». La presión fue muy grande y el trabajo de Matilde Montoya se hizo insostenible, por lo que se fue a pasar unos meses a Veracruz.

De regreso en la capital poblana, pidió su inscripción en la Escuela de Medicina de Puebla; fue aceptada en una ceremonia pública a la que asistieron el gobernador del Estado, todos los abogados del Poder Judicial, numerosas maestras y muchas damas de la sociedad que le mostraban así su apoyo. Sin embargo, los sectores más radicales redoblaron sus ataques, publicando un artículo encabezado con la frase: «Impúdica y peligrosa mujer pretende convertirse en médica».

Agobiada por las críticas, Matilde Montoya decidió regresar con su madre a la Ciudad de México, donde, por segunda vez, solicitó su inscripción en la Escuela Nacional de Medicina. Finalmente fue aceptada en 1882 por el entonces director, el Dr. Francisco Ortega. Matilde contaba con 24 años.

Las publicaciones femeninas y un amplio sector de la prensa la apoyaban, pero no faltó quienes opinaran que «debía ser perversa la mujer que quiere estudiar medicina, para ver cadáveres de hombres desnudos». En la Escuela Nacional de Medicina tampoco escasearon las críticas, burlas y protestas debido a su presencia como única alumna, aunque también recibió el apoyo de varios compañeros solidarios, a quienes se les apodó «los montoyos».

Varios docentes y alumnos opositores solicitaron que se revisara su expediente antes de los exámenes finales del primer año, objetando la validez de las materias del bachillerato que había cursado en escuelas particulares. A Montoya le fue comunicada su baja. La joven solicitó a las autoridades que, en caso de no serle revalidadas las materias de Latín, Raíces Griegas, Matemáticas, Francés y Geografía, le permitieran cursarlas en la Escuela de San Ildefonso por las tardes. Su solicitud fue rechazada, ya que en el reglamento interno de la escuela el texto señalaba «alumnos», no «alumnas».

Desesperada, Matilde Montoya escribió una carta al presidente de la República, General Porfirio Díaz, quien dio instrucciones al Secretario de Ilustración Pública y Justicia, Lic. Joaquín Baranda, para que «sugiriera» al director de San Ildefonso dar facilidades para que la señorita Montoya cursara las materias en conflicto, ante lo que no le quedó más remedio que acceder. Tras completar sus estudios con buenas notas y preparar su tesis, Matilde Montoya solicitó su examen profesional.

Nuevamente se topó con el obstáculo de que en los estatutos de la Escuela Nacional de Medicina se hablaba de «alumno» y no de «alumnas», por lo que le fue negado el examen. Una vez más, dirigió un escrito al presidente Porfirio Díaz, quien decidió enviar una solicitud a la Cámara de Diputados para que se actualizaran los estatutos de la Escuela Nacional de Medicina y pudieran graduarse mujeres médicas. El presidente Díaz emitió un decreto para que se realizara el examen profesional de Montoya, el 24 de agosto 1887.

Asociación de Médicas Mexicanas

Cuando terminó el examen, se escuchó el aplauso de varias damas, maestras de primaria y periodistas que se habían reunido en el patio, festejando el veredicto de «aprobado». Al día siguiente, Matilde realizó su examen práctico en el Hospital de San Andrés ante la presencia del jurado y, en representación del presidente, su secretario particular y el ministro de Gobernación.

Después de recorrer las salas de pacientes, contestando las preguntas relacionadas con distintos casos, la examinada pasó al anfiteatro, donde realizó en un cadáver las resecciones que le pidieron. Fue aprobada por unanimidad.

Después de titulada, Matilde Montoya trabajó en su consulta privada hasta una edad avanzada. Siempre tuvo dos consultorios, uno en Mixcoac, donde vivía, y otro en Santa María la Ribera. Atendía a todo tipo de pacientes, cobrándole a cada uno según sus posibilidades.

Participó en asociaciones femeninas como el Ateneo Mexicano de Mujeres y Las Hijas de Anáhuac, pero no fue invitada a ninguna asociación o academia médica, aun exclusivas de los hombres. En 1923 asistió a la controvertida Segunda Conferencia Panamericana de Mujeres. Dos años después, junto con la Dra. Aurora Uribe, fundó la Asociación de Médicas Mexicanas.

Matilde amplió las posibilidades de trabajo de las mujeres en general. Los periódicos médicos ignoraron la noticia de su examen profesional, pero la prensa nacional, hasta la más conservadora, la alabó y dijo que había que apoyarla porque el hecho era un gran paso al progreso. A los 50 años de haberse graduado Matilde Montoya, en agosto de 1937, la Asociación de Médicas Mexicanas, la Asociación de Universitarias Mexicanas y el Ateneo de Mujeres, le ofrecieron un homenaje en el Palacio de Bellas Artes.

Matilde Montoya murió cinco meses después, el 26 de enero de 1938, a los 79 años. Su ejemplo fue de gran importancia en el impulso para que otras mujeres estudiaran medicina en una época en la que la sociedad reprobaba la participación de la mujer en actividades fuera del hogar. Matilde Montoya es ejemplo de tenacidad en la persecución de un sueño, ridículo para unos, imposible para otros y reprobado por los demás, pero que abrió a la mujer mexicana el camino de la ciencia. Por cierto, Matilde significa: «guerrero fuerte», otra traducción es «valiente en batalla», y otra más «virgen con poder en el combate». Ella encabeza a muchas otras mujeres que, como tú, son pilares de México.

CARMEN
SERDÁN
(1857-1948)

María del Carmen Serdán Alatriste, o **Carmen Serdán** como la reconoce la historia, nació en 1875, en la aristocrática ciudad de Puebla, ya para entonces apellidada «de Zaragoza» (antes era Puebla de los Ángeles), siendo la mayor de cuatro hermanos: Natalia, Aquiles y Máximo. Ella era descendiente de héroes, y de héroes liberales. Su bisabuelo fue el ilustre general don Miguel Cástulo de Alatriste Castro, quien fue abogado, destacado militar y gobernador del Estado. Participó en la guerra contra Estados Unidos, habiendo apenas egresado del Colegio Militar. Tuvo una actuación destacada en la Guerra de Reforma y, unas semanas antes del sitio de Puebla, ante la intervención francesa, el 11 de abril de 1862, fue apresado y fusilado por el ejército conservador.

La familia Serdán era respetada en la sociedad porfiriana, pues sus antecedentes como liberales defensores del país concordaban con los del propio presidente Díaz, además de que gozaban de una buena posición social. No eran ricos, pues la prematura muerte de su padre, cuando ella contaba con apenas siete años de edad, los llevó a la necesidad de trabajar e incluso pedir prestado para salir adelante. Todo esto forjó en Carmen un fuerte carácter, pues tuvo que asumir responsabilidades familiares y ocuparse de sus hermanos menores.

Hay una anécdota poco conocida que cuenta el escritor Sealtiel Alatriste, sobrino nieto de Carmen. Comenta que a los 13 años Carmen tuvo un repentino ataque de catalepsia, después del cual un médico incluso certificó el fallecimiento de la niña. Su madre sin embargo, no aceptó la muerte de su hija y la «veló» por dos días hasta que la niña «despertó» con una convicción de que tenía una misión que cumplir. Este capítulo es sumamente importante para entender la firmeza de sus convicciones y el papel que desempeñaría más adelante.

Descendientes de liberales, los hermanos Serdán abrazaron casi inmediatamente la causa antirreeleccionista que lideraba don Francisco I. Madero. En 1909 Aquiles Serdán fue elegido presidente de la sección de Puebla del Partido Nacional Antirreeleccionista, por lo que las autoridades locales lo vigilaban con recelo. En todo el país había un ambiente efervescente debido a las declaraciones del presidente Díaz acerca de que no participaría en las siguientes elecciones. Sin embargo, el régimen acosaba las acciones de quienes, creyendo en el anuncio presidencial, se pronunciaban por la oposición. ·

Aquiles había logrado eludir la vigilancia de las autoridades y la policía secreta gracias a diversas tretas y especialmente por la ayuda de Carmen, quien era la que realmente se ocupaba de las labores de propaganda, firmando *Fuerte carácter* desplegados y artículos de una publicación clandestina llamada «No-reelección». Artículos y facturas, todo lo firmaba bajo el pseudónimo de Marcos Serrato.

Y es que Carmen era la encargada de la compra y

distribución de armas y explosivos entre los seguidores de la causa. Se volvió una experta en armas y manejo de explosivos, tales como dinamita, con la que fabricaba bombas en su casa durante largas faenas nocturnas.

Tanta actividad clandestina parecía contradecir el ambiente de campaña que Madero venía realizando por el país, pues la propuesta maderista era un llamado a las urnas, confiando en que, efectivamente, la decisión de las elecciones sería respetada por el presidente Díaz. Los hermanos Serdán no confiaban en esas promesas y por eso se preparaban para un levantamiento armado que era desautorizado por el propio Madero.

En junio de 1910, a un mes de la elección, Madero es detenido en Monterrey acusado de los delitos de «conato de rebelión y ultraje a la autoridad» y trasladado a la ciudad de San Luis Potosí, hasta pasadas las elecciones en las que el presidente Díaz arrasó, ganando su quinta reelección. Sumaba ya más de 30 años en el poder. Madero logra escapar de la cárcel en el mes de octubre y huye a Texas, desde donde trata de organizar la revolución.

Carmen y Aquiles Serdán se dirigieron a Texas para recibir instrucciones: el famoso Plan de San Luis

(Madero lo fechó en esa ciudad a pesar de encontrarse en Texas), en el que se hacía un llamado al pueblo mexicano a levantarse en armas a las seis de la tarde del domingo 20 de noviembre. Madero encargó a Aquiles Serdán preparar el alzamiento revolucionario en Puebla.

Siendo del dominio público que el levantamiento tenía fecha y hora, la mañana del 18 de noviembre de 1910 cinco policías del cuerpo de rurales se presentaron en el domicilio de la familia Serdán con orden de cateo y de detener a Aquiles Serdán. Al frente de ellos venía el general Miguel Cabrera, líder de los rurales, famoso por sus terribles métodos de tortura. Fueron recibidos a balazos, siendo el general Cabrera el primero en morir con un balazo en la frente.

Hay versiones que señalan a Aquiles como quien abre el fuego, otras dicen que al ver detenido a su hermano, Carmen Serdán da un certero balazo en la cabeza al legendario general Cabrera. El tiroteo provocó una intensa movilización policíaca y militar. Los insurrectos se parapetaron en la casa y, desde el balcón, Carmen hace una arenga a la gente para que se una a la causa, sin lograr atraer la atención de los que pasaban por allí, quienes solo atinaban a huir de las balas. Carmen vestía de blanco y dicen que sus palabras fueron: «*Mexicanos, no vivan de rodillas. La libertad vale más que la vida. Viva la no reelección*».

El ataque fue letal a pesar de la resistencia de los rebeldes que se debatían ferozmente. Carmen resultó gravemente herida cuando llevaba municiones a los revolucionarios refugiados en la azotea. Tras varias horas de fuerte enfrentamiento en que nadie pedía ni daba cuartel, los federales tomaron la casa. Carmen, herida, junto con su madre y su cuñada Filomena del Valle, fueron conducidas primero a la cárcel de la Merced y luego al hospital de San Pedro. Su hermano Máximo y los demás hombres habían muerto en el asalto, pero Aquiles, el líder de la familia, no aparecía. La policía sabía que no había huido pues su cuerpo no estaba entre los muertos, así que suponían estaba escondido en algún lugar.

La libertad vale más que la vida

Dejando una nutrida guardia de 50 hombres en la casa, se procedió a recoger los cadáveres y limpiar la calle de los rastros del sangriento combate. En la madrugada del día 19, tras muchas horas escondido en una abertura del entrepiso que se usaba para esconder armas (tan pequeña que no le permitía estirar las piernas), Aquiles Serdán intentó escapar.

Llevaba 19 horas escondido sin comer ni beber, en una posición sumamente incómoda y con fiebre, así que pensó aprovechar la oscuridad de la madrugada. No podía aguantar más y confiaba pasar desapercibido ante una guardia dormida. Para su mala fortuna, frente a él estaba uno de los soldados que, apenas vio el movimiento al levantarse las duelas de madera del piso, abrió fuego abatiendo al indefenso Aquiles. Su cuerpo fue llevado a la penitenciaria para ser expuesto al público. Así murieron los primeros mártires de la revolución mexicana.

La lucha de Carmen Serdán por la causa revolucionaria proseguiría en los años siguientes. Tras ser liberada, meses después, se trasladó a la Ciudad de México, donde fue testigo de la caída del régimen porfirista y la llegada al poder de Madero. En 1913, tras el golpe de estado de Victoriano Huerta, formó parte de la Junta Revolucionaria de Puebla. En 1914 se entrevistó con Venustiano Carranza, primer jefe del

Ejército Constitucionalista, y sirvió trabajando como enfermera en los hospitales militares.

Carmen Serdán era una mujer muy hermosa, de mirada profunda y una gran personalidad. Tuvo varios pretendientes pero no se casó jamás. Vivió para cumplir lo que ella entendió como su misión de vida. Inteligente, era una gran lectora, y por mucho, era la intelectual de la familia. Nunca pidió recompensas ni recibió honores. Con el triunfo constitucionalista se retiró de la vida pública y, con una gran sencillez, vivió con su cuñada y su hermana criando a los hijos de ellas hasta su muerte en la ciudad de Puebla en 1948, a la inusitada edad de 73 años.

Su abuelo, su padre y sus hermanos habían muerto jóvenes. En su familia solo las mujeres sobrevivían y Carmen las lideró con responsabilidad y cuidado. Es una heroína en la historia, porque lo fue en la vida diaria, como tantas mujeres que son pilares de México.

Tal vez su momento culminante fue cuando, vestida de blanco y en plena balacera, sale al balcón a gritarle a quienes corren despavoridos por las calles: «*Mexicanos, no vivan de rodillas. La libertad vale más que la vida...*».

Qué increíble que a más de cien años de distancia sus palabras siguen siendo relevantes. En Equipovisión lo sabemos. Sabemos que no debemos vivir de rodillas y que la libertad vale más que la vida.

Esta filosofía de vida es la esencia de este esfuerzo que provee de libertad financiera como primer paso a tu realización personal. En Equipovisión, nos enseñan a ser dueños de nuestro destino, a no vivir postrados ni derrotados; a trabajar cada día con ahínco, con esfuerzo, y a transmitir este sueño a otros. Carmen Serdán lideró a su familia y cuidó de ella como cuidó de su patria y luchó por ella. No buscó honores, pero hoy se los rendimos porque los ganó con su vida ejemplar. Nos enseñó el precio de ser libres. Nos enseñó a ser un pilar de su familia, un pilar de México.

AMALIA GONZÁLEZ CABALLERO DE CASTILLO LEDÓN

(1898-1986)

Mujeres los pilares de México

Mujeres los pilares de México

Fue una mujer atípica: desarrolló una intensa labor social y política en una época en que esas actividades eran impensables para la mujer. Poseía una inagotable capacidad creativa que le llevó a fundar decenas de instituciones culturales, educativas y recreativas dirigidas a la mujer, y muchas más en beneficio de los niños. Fue la primera mujer con el nombramiento oficial de embajadora de México en más de cinco países e incluso ante organizaciones internacionales. Formó parte de la delegación mexicana que participó en la fundación de la ONU. Se convirtió en la primera mujer en formar parte de un gabinete presidencial. Además, fue fundadora de los más importantes museos con que cuenta hoy día nuestro país. Tuvo el privilegio de ser la primera mujer en pronunciar un discurso en una ceremonia oficial con representación presidencial. Sin duda fue una mujer atípica; nuestra nación le debe nada menos que ser la promotora para lograr que la mujer pudiera ejercer el voto en México.

Se llamó **Amalia González Caballero de Castillo Ledón.** Nació el 18 de agosto de 1898 en la población de Santander Jiménez, Tamaulipas. Cursó estudios en la Escuela Normal de Ciudad Victoria para egresar como maestra de instrucción básica. Habiendo viajado con su familia a la Ciudad de México, se inscribió en la Escuela de Altos Estudios, donde se licenció en Filosofía y Letras y, al mismo tiempo, estudió en el Conservatorio Nacional de Música.

Amalia contrajo matrimonio con el historiador don Luis Castillo Ledón, director en ese entonces del Museo Nacional de Historia, Etimología y Antropología y, quien unos años más tarde fue gobernador del estado de Nayarit. El matrimonio con don Luis le dio a Amalia una plataforma para desarrollar sus habilidades, además de que le permitió entrar en contacto con muchas personalidades de la política, el ambiente artístico y social, ampliando sus horizontes creativos. Amalia fue novelista, ensayista, dramaturga y luego, decidida política y diplomática; su prolífica carrera tuvo enormes logros.

Fundó, entre otras muchas instituciones, el Ateneo Mexicano de Mujeres; la Asociación Nacional de Protección a la Infancia, (el antecedente del actual DIF); la Oficina de Educación y Recreaciones Populares; la Sociedad Mundial de Mujeres, con residencia en Buenos Aires, Argentina; el Club Internacional de Mujeres y Trabajadoras Intelectuales; el Seminario de Cultura Mexicana; la Unión de Actores Teatrales Mexicanos; y cientos de esfuerzos por difundir la cultura en colonias populares y aun dentro de las cárceles.

En su papel de primera dama de Nayarit, su labor se centró en el ámbito educativo. Buscó el apoyo de distinguidos maestros con los que trabajó en la fundación del Instituto de Ciencias y Letras, y de la Escuela Normal (antecedentes directos de la Universidad Autónoma de Nayarit). Su vocación magisterial se hizo patente en la fundación de la Escuela Normal Urbana de Tepic y de la Escuela Normal Superior de Tepic.

Participó destacadamente en el equipo que representó

a México en la Conferencia Internacional en la que fue fundada la Organización de las Naciones Unidas (ONU), en 1945, en la ciudad de San Francisco, E.U.A. Esta conferencia tenía como principal tarea integrar el texto de la Carta de las Naciones Unidas (el documento fundacional de la ONU).

Amalia formó parte del equipo redactor del capítulo en el que se solicita, a nivel mundial, la igualdad entre hombres y mujeres, en sus derechos civiles y políticos (entre ellos el voto), en el acceso a oportunidades de estudio y trabajo, a la misma proporción de retribución económica por trabajos realizados, entre otros temas de igualdad. Se provocó un intenso debate y correspondió a México proponerlo en la conferencia, siendo doña Amalia Caballero de Castillo Ledón quien lo presentó. Luchó por ese ideal sin descanso, logrando ver algunos resultados trascendentales de sus esfuerzos, no solo en otros países, sino en México.

Durante la campaña presidencial de don Adolfo Ruiz Cortines, en 1951, doña Amalia buscó al candidato para solicitar la igualdad de derechos civiles y políticos de la mujer que con tanto ardor había defendido ante la ONU. Al asumir la presidencia de México, el presidente la exhortó a que hiciera la petición de la iniciativa al Congreso con, por lo menos, 20 mil firmas de mujeres de todo el país, una cifra sin precedentes en la historia nacional. Así se fundó la Alianza de Mujeres de México, de la que fue primera presidente.

Organizó giras por toda la nación buscando el apoyo de las mujeres que, sujetas a una cultura machista, sufrían serias dudas en firmar en apoyo de la iniciativa. Muchas mujeres decían que no era necesario votar, que sus maridos lo hacían por ellas. La tarea de Doña Amalia y su ejército de sufragistas era la de educar en sus derechos a tantas mujeres que no sabían que los tenían o no sabían cómo usarlos. Tras grandes esfuerzos y debates intensos, el 17 de octubre de 1953, el Congreso aprobó el otorgamiento de los derechos políticos plenos para las mujeres, incluyendo su derecho a votar.

Derechos civiles y políticos

En ese mismo año, 1953, se convierte en la primera mujer en ser nombrada embajadora de México y es enviada como Ministro Plenipotenciario ante Suecia, donde logró reabrir el Tratado Comercial suspendido durante 45 años con México. En 1957 es nombrada embajadora en Suiza. Por cierto, la primera mujer a la que se le asignó un alto rango en el servicio diplomático fue a la profesora Palma Guillén de Nicolau, a quien se nombró enviada extraordinaria de México ante el gobierno de Colombia, en la década de los años cuarenta. Sin embargo, doña Amalia fue la primera en obtener el título de Embajadora y lo honró con una actuación destacada y respaldada con logros internacionales.

En 1959 el entonces presidente, Adolfo López Mateos, la nombró subsecretaria de Asuntos Culturales de la Secretaría de Educación Pública, donde colaboraría con Jaime Torres Bodet; así se convirtió en la primera mujer integrante de un gabinete presidencial. Durante su gestión en la Subsecretaría de Asuntos Culturales, de 1959 a 1964, se crearon importantes espacios como el Museo Nacional del Virreinato, el Museo de Arte Moderno y el Museo de las Culturas; además continuaron las investigaciones en la zona arqueológica de San Juan Teotihuacán y se implementaron bibliotecas y sistemas audiovisuales en los museos.

A propuesta suya, en 1959, se construyó el que sin

duda representa el mayor espacio museístico del país: el Museo de Antropología de la Ciudad de México. Fue construido bajo la sabia dirección del insigne arquitecto don Pedro Ramírez Vázquez en el Paseo de la Reforma, en Chapultepec. Desde su inauguración, el museo deslumbra por su concepción arquitectónica, sus extraordinarios contenidos y colecciones expuestas. Así se constituye en el corazón de la oferta turística y cultural del país, un orgullo para México.

Ese mismo año, en representación del presidente López Mateos, asistió a Dolores Hidalgo, Guanajuato, a encabezar la ceremonia por el Día de la Independencia de México, siendo la primera mujer a quien se da un encargo de tal importancia.

Amalia González Caballero de Castillo Ledón murió el 2 de junio de 1986, a los 88 años de edad en la Ciudad de México. Sus restos fueron depositados en la Rotonda de los Tamaulipecos Ilustres, hasta 2012, cuando fueron trasladados a la Rotonda de las Personas Ilustres, en la Ciudad de México, como reconocimiento del pueblo mexicano al mérito de su lucha a favor de los derechos fundamentales de la ciudadanía femenina.

Sin duda, doña Amalia González Caballero de Castillo Ledón fue una mujer atípica. Valiente, visionaria, de gran capacidad oratoria y de convencimiento. Una mujer decidida y de convicciones, pero también esposa, madre y ciudadana ejemplar. Su vida fue la política, pero su familia fue su corazón. Resulta admirable el apoyo que tuvo de su esposo y la manera en que educaron a sus hijos en medio de responsabilidades públicas—incluso en el extranjero—y el trajín de una vida dedicada a la política. Nunca se perdió la unión familiar, cuyo centro siempre fue doña Amalia. Así son las mujeres mexicanas: Pilares de México.

Las batallas internacionales que enfrentó, y ganó Amalia, son un ejemplo no sólo de su excepcionalidad, sino de que es posible incursionar con éxito en cualquier área de la vida. Las competencias intelectuales, profesionales o de cualquier ámbito pueden ser conquistadas por quienes se esfuerzan y trabajan con vehemencia. Amalia lo logró, no sólo porque lo deseara, sino porque se preparó y trabajó con ahínco. Tuvo éxito en un mundo de exclusión conquistando el derecho de participar.

Ese es el espíritu de Equipovisión: gánate con tu trabajo y esfuerzo el derecho a participar. Gánate con tu perseverancia el derecho a ser una triunfadora. Gánate con valentía y arrojo el privilegio de ser el pilar de tu familia y contarte entre los pilares de México.

Eva Sámano
Bishop de
López Mateos
(1910-1984)

Eva Sámano Bishop encarna la dignidad de la mujer que vive enamorada, profundamente enamorada... de un hombre infiel. Eva nació en una familia de profundas convicciones espirituales. Sus padres profesaban la fe evangélica (eran bautistas), y enseñaron a su hija a vivir conforme esos valores. Eso marcó el destino de su vida, en la que escaló los más altos niveles de la vida pública, enfrentando una tragedia personal de la que salió honrosamente, mostrando integridad y firmeza de carácter.

Nació en San Nicolás del Oro, municipio de Totolapan, en el estado de Guerrero, en la coincidencia de dos efemérides. Nació el 5 de mayo de 1910. La primera fecha, 5 de mayo, recuerda el heroico triunfo de las armas nacionales frente a la invasión francesa en 1862; y la segunda, es que Eva nació seis meses antes del inicio de la revolución mexicana, un torbellino violentísimo que traería como resultado el nacimiento de un nuevo modelo de país.

Fue la segunda de los siete hijos procreados por don Efrén Sámano Montúfar, un reconocido político guerrerense y doña Eleuteria Bishop, de descendencia inglesa. Se trataba de una familia de buena posición social y económica, profundamente religiosa y de costumbres austeras, que era sumamente respetada en la comunidad.

La familia Sámano Bishop se esforzó por darles una excelente educación a sus hijos y, a excepción de Alpha, que murió apenas a los 17 años, todos se graduaron como profesionistas. La más brillante quizá fue la hermana mayor, Amelia, quien obtuvo una maestría y dos doctorados en Ciencias Biológicas. Fundó en la Facultad de Ciencias de la UNAM el Departamento de Biología; en la Facultad de Medicina, el Departamento de Embriología; y en la Escuela Médico-Militar, el área de embriología humana.

Eva, como otros tres de sus hermanos, se dedicó al magisterio. No fue solo su profesión, sino también su vocación. Estudió en la Escuela Normal Nacional de Maestros. Fue una mujer culta, seria en su dedicación al trabajo y firme en sus valores, con un alto concepto del deber y la moral.

En 1925, en una reunión en casa de la poetisa toluqueña Lolita Becerril de Plata, conoció a un joven famoso por dos cosas: por haber ganado varios concursos de oratoria y porque era muy guapo; se llamaba Adolfo López Mateos. Tuvieron un noviazgo que duraría doce años y que culminaría en matrimonio por la insistencia de doña Elena Mateos, madre de don Adolfo.

La boda se efectuó en 1937 en una iglesia bautista en la ciudad de Toluca. Enrique Krauze señala en la biografía que hace del presidente: «Antes, durante y después de su matrimonio, López Mateos tuvo distintos amoríos». La pareja se fue a vivir a la capital, donde ella comenzó a ejercer su profesión enseñando en escuelas pobres, mientras que Adolfo ascendía por los peldaños de la política.

Eva estaba concentrada en su tarea magisterial. La

escuela donde daba clases se encontraba en el barrio de la Lagunilla, en una zona sumamente popular. Le horrorizaba ver que los niños llegaban a la escuela habiendo comido apenas unas tortillas duras y un trago de pulque.

Con su propio sueldo compraba pan y leche para darles algo de comer a sus alumnos. Unas maestras al ver su ejemplo, comenzaron a cooperar para que también sus alumnos tuvieran un desayuno, así fuera elemental. Desde entonces comenzó a incubar la idea de proporcionar desayunos escolares en todas las escuelas del país. Un verdadero sueño que, con los años, vería hecho realidad.

En el sexenio de Adolfo Ruiz Cortines, López Mateos fue nombrado Secretario del Trabajo con una excelente gestión. En 1957 fue postulado como candidato presidencial, y el 1 de diciembre de 1958 tomó posesión de la Presidencia de la República. La vida familiar de los López Mateos Sámano, había cobrado una inmediata dimensión pública. Tenían una hija de nombre Eva Leonor a la que llamaban Avecita. Esta niña era la adoración de su madre y, en muchos sentidos, su consuelo, pues las aventuras amorosas de don Adolfo cada vez eran más conocidas.

Al iniciar su esposo la gestión en la presidencia, doña Eva vio la posibilidad de realizar muchos de los sueños de su vocación magisterial, y una oportunidad para volver realidad su enorme voluntad de proteger a la niñez. Reorganizó la Asociación Protectora a la Infancia y, en 1961, por decreto presidencial, se convirtió en el Instituto Nacional de Protección a la Infancia (INPI). La actividad más importante *Un verdadero sueño que, con los años, vería hecho realidad* de la institución consistió en crear un sistema de reparto de desayunos escolares en todas las escuelas primarias del país.

También organizó repartos de ropa y juguetes, les llevó ayuda a damnificados y emprendió campañas de legalización de uniones matrimoniales que se realizaban en grandes ceremonias colectivas. Se involucró en la campaña para impulsar y defender el libro de texto gratuito y fortaleció los derechos ciudadanos de las mujeres: su primer acto público fue votar en las elecciones de 1958. Puso de moda los festivales de beneficencia con destacados artistas extranjeros, algo nunca visto hasta entonces, trayendo a México a Frank Sinatra y Marilyn Monroe, Richard Burton y Liz Taylor, entre otras destacadas personalidades internacionales.

A pesar de tanta actividad, la intimidad de la pareja presidencial era tirante debido a la inmoralidad del presidente. Eva lo reconvenía con dureza y, finalmente, a mediados del sexenio, se separaron. Nunca antes había sucedido algo semejante. Con tal de guardar las formas, y por supuesto la investidura presidencial, se le había pedido a doña Eva que viviera en otras habitaciones de la residencia oficial, pero que no abandonara al presidente, sin embargo la postura de ella fue inexorable. Si don Adolfo no la respetaba, ella no iba a fingir, ni a soportar las humillaciones de que era objeto.

Don Adolfo padecía, desde mucho antes, fuertes dolores de cabeza que pensaban eran producidos por migraña. En realidad se trataba de un tumor cerebral que, a la postre, causó la muerte del mandatario. Los dolores eran tan intensos que incluso en uno de los discursos de su campaña presidencial tuvo que detenerse y tomar asiento, porque lo fuerte del dolor lo mareaba y no podía mantenerse en pie. Don Adolfo le pedía a Eva que se quedara para cuidarlo y por mucho tiempo ella accedió, pues estaba verdaderamente enamorada de su esposo. Sin embargo, la actitud de él no cambiaba y nuevamente se involucraba en alguna otra aventura que lastimaba y ofendía a la mujer que le era incondicional.

Por supuesto que la salida de doña Eva de la residencia presidencial fue un escándalo que trató de mantenerse en secreto ante la opinión pública. Incluso se ejerció presión sobre Eva para evitar que dejara al presidente, pero la entereza de carácter de ella no permitió que fuera amedrentada. Finalmente abandona al presidente, siendo éste un caso único en la historia nacional.

Doña Eva no se dejó deprimir. Al ser una mujer de acción, se dedicó con gran ahínco a su pasión, la educación, y fundó su propia escuela. Compró unos terrenos en Coyoacán y construyó una escuela que nombró «Héroes de la Libertad», inaugurada en 1964, poco antes de que finalizara la administración de su marido. Diez años permaneció doña Eva al frente de esta institución.

Al término de su mandato, la salud de don Adolfo empeoró y tuvieron que hospitalizarlo. Entró en coma que se prolongó por dos años. La señora Sámano estuvo a su lado en el sanatorio hasta su fallecimiento, ocurrido en 1969.

Fallecido su esposo, doña Eva creyó que se le permitiría continuar con las labores de asistencia social que eran su pasión. Sin embargo, la siguiente Primera Dama, Guadalupe Borja, esposa del Lic. Gustavo Díaz Ordaz, se sentía opacada ante la personalidad y la capacidad de gestión de doña Eva, así que no la volverían a invitar a ningún acto, ni le brindarían ningún espacio en la política pública.

Eva Sámano de López Mateos murió el 7 de enero de 1984 en el Hospital Militar de la Ciudad de México, donde había ingresado dos meses antes con padecimientos renales y pulmonares. Había ya sufrido varios infartos, incluso durante su gestión como Primera Dama y, agotada, al fin descansó. Fue enterrada al lado de su esposo en el Panteón Jardín.

Fue conocida como «Gran Protectora de la Infancia» y «La Maestra de México». Se hizo acreedora a doctorados honoris causa por la Universidad Femenina de Filipinas y por la Universidad de Florida, E.U.A. El presidente

Salinas de Gortari ordenó trasladar los restos de ambos a Atizapán de Zaragoza, en el Estado de México, en un monumento erigido en honor del matrimonio López Mateos Sámano.

La terrible circunstancia de infidelidad sufrida por Doña Eva pudo marcar su vida con el signo de la frustración, la amargura o el rencor, sin embargo en vidas de elevada moral como la suya, fue un acicate que la llevó a elevarse por encima del insulto. Dedicó su vida a enseñar, a educar, a dar a los menos favorecidos oportunidades de vida. Fue reconocida por sus trabajos, incluso en otros países porque fueron notoriamente trascendentes, y aunque provocó envidias (así pasa siempre con los triunfadores), su ejemplo de vida sigue siendo relevante en el siglo XXI.

La vida es muy compleja y seguramente habrás de enfrentar escenarios no deseados en los que se requerirá de una fortaleza de carácter como la que tuvo Eva Sámano. Nunca te dejes derrotar por las circunstancias adversas, incluso la traición de quienes amas. Tu eres alguien muy importante, mereces respeto y mereces ser feliz, pero esa felicidad no proviene de afuera, nace dentro de ti, de la satisfacción de realizarte, de hacer el bien.

Cada vez que logrando éxito bendices a alguien más, te enriqueces y enriqueces a otros. El bien no solo radica en actuar correctamente sino enseñar a otros a hacerlo, pues de esa manera los equipas para lograr metas en la vida. El odio y el rencor nunca bendice ni construye. Seguramente habrá ocasiones en las que al ser ofendida o maltratada te sientas con el derecho de odiar, pero ese es un sentimiento que le hace mal a quien lo siente y no a quien lo provoca.

Lucha por mantenerte más allá de los sentimientos negativos y siempre trata de hacer el bien. Nunca nadie fue exitoso por hacer el mal. Todos nos equivocamos y todos somos vulnerables, pero sólo las personas de noble espíritu son quienes serán recordadas como los pilares de su familia, los pilares de la sociedad, los pilares de México.